MELHORES
POEMAS

*Olavo
Bilac*

Direção
EDLA VAN STEEN

MELHORES POEMAS

Olavo Bilac

Seleção
MARISA LAJOLO

@ Global Editora, 1983
4ª Edição, Global Editora, São Paulo 2003
5ª Reimpressão, 2021

Jefferson L. Alves – diretor editorial
Flávio Samuel – gerente de produção
Dida Bessana – coordendora editorial
Tatiana F. Souza – assistente editorial
Revisão – Iara Arakaki
Victor Burton – capa
Neili Dal Rovere – editoração eletrônica

Obra atualizada de acordo com o
NOVO ACORDO ORTOGRÁFICO DA LÍNGUA PORTUGUESA

Dados Internacionais de Catalogação na Publicação (CIP)
(Câmara Brasileira do Livro, SP, Brasil)

Bilac, Olavo, 1865-1918.
 Melhores poemas de Olavo Bilac / seleção de Marisa
Lajolo – 4. ed. – São Paulo : Global, 2003. (Melhores
Poemas; 16)

 ISBN 978-85-260-0004-9

 1. Poesia brasileira. I. Lajolo, Marisa. II. Título.

85-0636   CDD-869.91

Meri Gleice Rodrigues de Souza – Bibliotecária – CRB-7/6439

Índices para catálogo sistemático:
1. Poesia : Literatura brasileira   869.91

Direitos Reservados

global editora e distribuidora ltda.
Rua Pirapitingui, 111 — Liberdade
CEP 01508-020 — São Paulo — SP
Tel.: (11) 3277-7999
e-mail: global@globaleditora.com.br

 globaleditora.com.br   /globaleditora

 blog.globaleditora.com.br   /globaleditora

 /globaleditora   /globaleditora

 /globaleditora

 Colabore com a produção científica e cultural.
Proibida a reprodução total ou parcial desta obra
sem a autorização do editor.

Nº de Catálogo: **1511**

Marisa Lajolo é paulista, formada em Letras na USP, onde defendeu sua tese de doutorado sobre Olavo Bilac *(Usos e abusos da literatura na escola)*. Atualmente é professora-titular de Teoria Literária da Unicamp. Em 2002 estreou na ficção com o romance *Destino em aberto*, no qual Olavo Bilac serviu de (discretíssima) inspiração, contribuindo para o nome da personagem central. Entre a tese de doutorado e a história de Bilac, o garoto de rua ligado ao tráfico, Marisa Lajolo escreveu quase uma dezena de livros sobre livros alheios. Dentre eles: *Literatura: leitores e leitura; Do mundo da leitura para a leitura do mundo* (Prêmio Jabuti); *A formação da leitura no Brasil* (Prêmio Açoreanos). Além disso, foi co-organizadora de *Monteiro Lobato – livro a livro* (Prêmio Jabuti, Melhor Livro do Ano, 2009). Na Unicamp, coordena o projeto Memória de Leitura, cujo site http://www.unicamp.br/iel/memoria merece uma visita de todos os leitores de Bilac!

Quando Olavo Bilac nasceu, em *16* de dezembro de 1868, ia acesa a Guerra do Paraguai. E quando morreu, em 18 de dezembro de 1918, morria também a Primeira Guerra Mundial, sepultando, ao que parece para sempre, um mundo onde era possível ouvir e entender estrelas... E em 30 de agosto de 1984 (ano da organização desta antologia bilaquiana) faz ou fez um século exato do dia em que Bilac viveu a grande emoção de ter um poema seu publicado na *Gazeta de Notícias,* jornal carioca que, naqueles idos, representava toda a glória possível para um candidato a poeta.

Sua estreia deu-se com "A sesta de Nero", soneto quatro anos mais tarde incluído (com algumas alterações) em *Poesias,* livro festejado e estrepitosamente lançado em *1888.* A obra agrupava os poemas que a compunham em três partes, respectivamente intituladas "Panóplias", "Via Láctea" e "Sarças de fogo", antecedidas da longa e conhecidíssima "Profissão de Fé", onde o poeta prega a imitação do ourives, confessa-se prostrado aos pés da Forma e disposto a terçar lanças em prol do estilo, além de outras declarações estridentes demais para quem se acreditava parnasiano.

A vida inteira o poeta manteve-se fiel ao título e ao espírito desta sua primeira obra: acrescentou-lhe apenas, numa segunda edição em 1902, as partes "Alma Inquieta", "As viagens" e "O Caçador de Esmeraldas". A inclusão de "Tarde" (1918) foi póstuma, porém cuidadosamente preparada pelo poeta, e estabeleceu a feição definitiva do livro *Poesias*, tal como o conhecemos até hoje.

Olavo Bilac foi uma das mais ricas personalidades da fascinante belle époque à brasileira. Nascido sob o signo de sagitário, a imagem que dele fixaram as antologias e a tradição escolar sublinha – a meu ver com ênfase injusta – os traços exemplares e conservadores desta figura que se humaniza muito quando contemplada nos arroubos contraditórios que enchem sua vida de lances romanescos. Rompeu com a família por abandonar o curso de Medicina e, mais tarde, o de Direito. Por ser poeta e boêmio, não inspirou confiança à família de sua primeira noiva, a irmã do poeta Alberto de Oliveira. Foi jornalista polêmico, cronista de jornal, redator de anúncios e autor de versos satíricos e licenciosos como os que integram a última parte desta antologia. Bateu-se em duelos, esteve várias vezes em Paris, integrou comitivas presidenciais e mantinha um prosaico emprego de inspetor escolar. Foi abolicionista, republicano e antiflorianista, a ponto de ter de exilar-se em Minas Gerais, depois de ter sido preso, durante quatro meses, por ordem do Marechal de Ferro. Liderou campanhas nacionais pelo serviço militar obrigatório, pela instrução primária, pelo escotismo. E antes, durante e depois de tudo isso, foi poeta consagrado. Príncipe dos Poetas brasileiros, não só por ter assim sido eleito, como e principalmente por seus versos caírem na boca e no coração do povo.

Sua obra, embora conhecidíssima, tem merecido pouca atenção da crítica. A imagem que dela se cristalizou oscila entre o perfil acadêmico de um príncipe dos poetas fiel à estética parnasiana e a aura de poeta popular cantado nas ruas e declamado nas festas. A obra bilaquiana experimenta o equilíbrio precário de ter constituído o modelo dos poetas jovens de muitas gerações e, mais tarde, ter personificado o bode expiatório dos modernistas de 22.

O rótulo parnasiano, no entanto, dilui na generalidade do conceito, a pluralidade de poetas presentes no texto de Bilac. Versos patrióticos, infantis, históricos, amorosos... em quais deles melhor se revela o poeta? Se uma antologia obriga necessariamente a uma escolha, escolho o Bilac amoroso onde, a meu ver, estão seus melhores poemas: aqueles pelos quais ele pode, sem desdouro, dialogar com a sensibilidade do público contemporâneo e, de quebra, onde assomam alguns indícios da superação do figurino parnasiano e convencional que muitas vezes espartilha sua poesia.

A lírica amorosa bilaquiana sobrevive e sobrenada em meio ao naufrágio geral de outras partes de sua obra, algumas das quais eu alegremente ajudei a fazer submergir, numa tese universitária.[1] Seus poemas de amor sobrevivem. E sobrevivem não por uma hipotética universalidade do sentimento amoroso, como podem pensar alguns ingênuos, mas porque Bilac era um bom poeta, como não gostam de admitir críticos engajados. Sobrevivem, do meu ponto de vista, por certos procedimentos modernos (ou modernizantes, vá lá...) que, talvez, à própria revelia, Bilac praticou aqui e ali, de permeio a amadas e estrelas, e apesar da riqueza da rima e da exatidão do metro.

Nesse sentido, uma parte da força contemporânea da lírica de Bilac parece-me residir na profunda plasticidade do universo que seus poemas constróem. Seu mundo, como o nosso de hoje, é um mundo de imagens. Formas, cores, texturas, sons, tempe-

---

[1] LAJOLO, Marisa. *Usos e abusos da literatura na escola*. Rio de Janeiro: Globo, 1982.

raturas, brilhos e movimentos espreitam o leitor a cada verso, dando concretude ao mundo criado. Essa tendência ao concreto, embora não exclusiva de seus versos de amor, é responsável, neles, pelo erotismo em que se embebe a relação amorosa e que, transbordando, erotiza todo o universo, mesmo aquele permeado de valores outros, mais perecíveis.

Retomando a linha de materialização do amor e da amada já presente, por exemplo, na poesia de Castro Alves, Bilac em muitos de seus poemas está bastante afastado do platonismo que uma leitura apressada da metáfora mulher/estrela faria prever. E, pelo menos, nesta direção, que interpreto a imersão das amadas e da situação amorosa num contexto de natureza do qual as estrelas não são o único – posto sejam o mais frequente – elemento constituinte. Mesmo em "Via Láctea", coletânea de poemas que a partir do título já sugere um lirismo estelar e distanciado, às estrelas alternam-se florestas, incêndios, sóis, perfumes de rosas, bandos de aves, rios largos, cordilheiras e torvelinhos de espuma que configuram uma imagética de forte apelo terreno.

Esse sentimento telúrico, isto é, esse estar aberto e sensível às forças encarnadas pelos elementos mais concretos da natureza, mergulha o lirismo bilaquiano no clima nada platônico de uma sensualidade palpitante e palpável. Tão entranhada é em sua poesia essa dimensão plástica e a partir daí sensorial e sensual, que ela acaba por contagiar outros poemas, mesmo não amorosos. Alguns poemas patrióticos e históricos, por exemplo, parecem tornar ambígua a expressão do sentimento patriótico, no momento em que as imagens de posse e conquista da terra se constroem a partir de uma linguagem que feminiza a pátria e o território, masculinizando o herói conquistador. Affonso Romano de Sant'Anna apontou isso com muita sabedoria na análise que faz de O caçador de esmeraldas: "Substitui-se o objeto do desejo: já não é mais a mulher, simbolizando a interdição do desejo erótico, personificada na estátua e na esfinge ou igualmente tornada impossível porque possuída somente em sonho. Agora o desejo erótico acresce-se de um qualificativo a mais: além de erótico é econômico. O objeto não é a mulher, mas a terra. E o sujeito que deseja não é apenas o amante, mas o herói nacional. Bilac vai privilegiar as imagens eróticas para narrar uma versão ideológica da história. Tais imagens sensuais prestam-se não apenas à personificação, à dramatização, mas falam diretamente do elemento que está por detrás de toda conquista: a pulsão, o instinto, o desejo que procura transgredir as interdições".[2]

Também no poema "Pátria", a expressão do sentimento patriótico reforça essa hipótese:

"Pátria, latejo em ti, no teu lenho, por onde
circulo! e sou perfume, e sombra, e sol e orvalho!
....
E os meus ossos no chão, como as tuas raízes,
Se estorcerão de dor, sofrendo o golpe e o insulto".[3]

A fusão apaixonada poeta / pátria, onde um se transfigura no outro, é uma espécie de prelúdio ou prolongamento da união dos amantes, sem rebuços e tantas vezes decantada por Bilac.

Da mesma forma que o contexto em que ocorre a relação amorosa atenua a rarefação das estrelas e torna-se concreto pela

---

[2] SANT'ANNA, Affonso Romano de. Literatura e psicanálise. In: *Por um novo conceito de literatura brasileira*. Rio de Janeiro: Eldorado Tijuca, 1977. p. 58.
[3] BILAC, O. *Poemas*. 23. ed. Rio de Janeiro: Francisco Alves, 1949. p. 285.

11

menção a elementos sólidos e terrenos, também a figura da amada se corporifica, fragmentada em coxas, ventres, quadris, seios, bocas, braços e cabeleiras, configurando uma imagem feminina desenvolta e sensual, que não raro transborda e contagia toda a Natureza, como aqueles céus que "se estendem, palpitando, cheios / de um turbilhão de braços e de seios".[4]

A temática amorosa bilaquiana percorre todas as gamas de um lirismo adulto e vigoroso, já pressentido por Mário de Andrade que o chama de *pornocinematografia*, no mesmo texto em que maliciosamente sugere descaminhos de leitura – "... de certas meninas que sabem de cor todas as poesias de Olavo Bilac! Como sentirão elas "Beijo eterno", por exemplo? Ora! Naturalmente como assistem a certas fitas. O dia seguinte é domingo... Vai-se à missa, de livro em punho; talvez mesmo o texto de prata... Mas os olhos quebrados, os membros derreados... "[5]

Na mesma direção e já apontando a contradição entre o poeta cívico e o poeta amoroso, Antonio Candido fala de "Olavo Bilac, poeta que em muitos versos apresentava o sexo sob aspectos bastante crus, perturbando a paz dos ginasianos, cujos mestres não ousavam, todavia, proscrevê-las, porque se tratava de escritor de canotações patrióticas acentuadas, – pregador de civismo e do serviço militar, autor de obras didáticas adotadas e cheias de boa doutrina".[6]

O lirismo amoroso de Bilac é uma alegre e saudável canção de amor (muitas vezes feliz e correspondido, o que é raro...), rea-

---

[4] Idem, ibidem, p. 59.
[5] ANDRADE, Mário de. *Mestres do passado* apud BRITO, Marco da Silva. *História do modernismo brasileiro*: antecedentes da Semana de Arte Moderna. Rio de Janeiro: Civilização Brasileira, 1974. p. 28.
[6] CANDIDO, Antonio. A literatura e a formação do homem. *Ciência e Cultura*, v. 24, 9, p. 806, set. 1972.

lizado bem longe dos píncaros celestes da via Láctea como um pálio aberto, mas em noites e alcovas rescendendo a rosas. E é essa sua *concretude*, em minha opinião, um dos elementos responsáveis por sua sobrevivência neste nosso final de século XX, de poucas estrelas e muitos satélites.

Mas, além deste hausto vigoroso de sensualidade que percorre a lírica amorosa bilaquiana, outro fator de atualidade desta poesia sua é a situação coloquial e íntima que a maioria de seus poemas delineia.

Bem sei que é quase herético falar de coloquialismo e oralidade a propósito de um poeta com uma imagem tão parnasiosa como Olavo Bilac. A tradição modernista habituou-nos a identificar restritamente oralidade e coloquialismo com incorporação ao texto de modos de fala correntes na prática linguística informal e cotidiana. E não é, evidentemente, esse o tipo de coloquialismo que se encontra num poeta como Bilac que, com sua geração, empenhava-se em recuperar o verso de um certo desalinho e descompasso a que algumas vertentes românticas o tinham conduzido. Não é definitivamente por aí que se vai encontrar coloquialismo na poesia bilaquiana, cujo léxico é frequentemente rebuscado a ponto de o leitor menos versátil linguisticamente tropeçar em expressões como pórfiro, estrágulo, ancila, hetera, a flux, golcondas e glaucas, e pedir socorro a mestre Aurélio. No entanto, os fósseis que ainda assombram muitos versos do príncipe dos poetas vão progressivamente desaparecendo, à medida que sua obra amadurece. E além disso, a oralidade de que falo e à qual atribuo função importantíssima na lírica bilaquiana é de outro naipe e, a meu ver, relativa a uma componente mais geral do discurso poético de Bilac.

13

Coloquialismo e intimidade se instauram entre leitor e poeta por obra e graça do talento com que Bilac mimetiza, em seu texto, situações de diálogo: às vezes com a amada, presente em forma de vocativo; às vezes com o próprio leitor, alçado assim à condição de confidente e interlocutor, em cujos ouvidos o poeta desfia sua experiência. Bilac raramente fala sozinho.

Com isso, a lírica amorosa bilaquiana reserva um espaço importantíssimo para o interlocutor, muitas vezes trazido ao texto pela presença explícita de um pronome da segunda pessoa. Torna-se dispensável, com isso, muita imaginação para que o leitor, ocupando o espaço aberto pelo tu ou pelo vós, viva, por procuração, a situação delineada pelo texto.

O reconhecimento do próprio discurso, ou ao menos de seus ecos, no discurso do poeta, pode dar conta de um tipo de solidariedade e/ou conivência que brota da identidade entre leitor e texto poético. Graças ao uso abundante de pronomes de segunda pessoa que, por assim dizer, precipitam a identificação tornando-a linguisticamente previsível no texto, nascem diálogos como aquele antológico, travado entre o poeta e o misterioso interlocutor a quem Bilac explica e justifica suas conversas noturnas com as estrelas.

Bem outro, no entanto, é o espetáculo que oferecem os textos bilaquianos nos quais a segunda pessoa é feminina, convocando para o texto uma figura de mulher a cujos ouvidos se destinam as palavras do poeta. Com isso, a amada presente na lírica bilaquiana, além de imersa num contexto de natureza em que as distantes estrelas têm sua frialdade atenuada pelo recurso às metáforas terrenas e concretas, ela também se materializa pela posição de vocativo que ocupa, implícita ou explícita na segunda pessoa verbal:

"Morreste, e o meu desejo não te olvida:
Queimas-me o sangue, enches-me o pensamento,
E do teu gosto amargo me alimento,
E rolo-te na boca mal ferida."[7]

"Longe de ti, se escuto, porventura,
Teu nome, que uma boca indiferente
Entre outros nomes de mulher murmura,
Sobe-me o pranto aos olhos, de repente..."[8]

    E, no momento em que essa amada, por ser interlocutora, torna-se presença concreta no discurso poético, o texto parece encenar um diálogo íntimo entre amante e amada. E então, admitido à alcova onde se desenrola esse diálogo, o leitor agora *voyeur* – usufrui na frágil segurança da página impressa os arroubos amorosos que o decoro da vida burguesa lhe proscreve.

    Isso basta, me parece, para assegurar a Bilac a leitura prazerosa de leitores contemporâneos, para quem as reticências de alcova podem ser caminho de redescoberta do amor e do erotismo. E, no conjunto, são elementos mais que suficientes, a meu ver, para que mais de um século depois de sua estreia poética, ainda haja razões para se ler e se amar Bilac.

Marisa Lajolo
Unicamp, 1984.

---

[7] BILAC, Olavo. op. cit., p. 351.
[8] Idem, ibidem, p. 73.

POEMAS

A MORTE DE TAPIR

I

Uma coluna de ouro e púrpuras ondeantes
Subia o firmamento. Acesos véus, radiantes
Rubras nuvens, do sol à viva luz, do poente
Vinham, soltas, correr o espaço resplendente.
Foi a essa hora, – às mãos o arco possante, à cinta
Do leve enduape a tanga em várias cores tinta,
A aiucara ao pescoço, o canitar à testa,
Que Tapir penetrou o seio da floresta.
Era de vê-lo assim, com o vulto enorme ao peso
Dos anos acurvado, o olhar faiscando aceso,
Firme o passo apesar da extrema idade, e forte.
Ninguém, como ele, em face, altivo e hercúleo, a morte
Tantas vezes fitou... Ninguém, como ele, o braço
Erguendo, a lança aguda atirava no espaço.
Quanta vez, do uapi ao rouco troar, ligeiro
Como a corça, ao rugir do estrépito guerreiro
O tacape brutal rodando no ar, terrível,

Incólume, vibrando os golpes, – insensível
Às preces, ao clamor dos gritos, surdo ao pranto
Das vítimas, – passou, como um tufão, o espanto,

O extermínio, o terror atrás de si deixando!
Quanta vez do inimigo o embate rechaçando
Por si só, foi seu peito uma muralha erguida,
Em que vinha bater e quebrar-se vencida
De uma tribo contrária a onda medonha e bruta!
Onde um pulso que, tal como seu pulso, à luta
Costumado, um por um, ao chão arremessasse
Dez combatentes? Onde um arco, que atirasse
Mais célere, a zunir, a fina flecha ervada?
Quanta vez, a vagar na floresta cerrada,
Peito a peito lutou com as fulvas onças bravas,
E as onças a seus pés tombaram, como escravas,
Nadando em sangue quente, e, em roda, o eco infinito
Despertando, ao morrer, com o derradeiro grito!...
Quanta vez! E hoje velho, hoje abatido!

II

                          E o dia
Entre os sanguíneos tons do ocaso decaía...
E era tudo em silêncio, adormecido e quedo...
De súbito um tremor correu todo o arvoredo:
E o que há pouco era calma, agora é movimento,
Treme, agita-se, acorda, e se lastima... O vento
Fala: "Tapir! Tapir! E finda a tua raça!"
E em tudo a mesma voz misteriosa passa,
As árvores e o chão despertam, repetindo:
"Tapir! Tapir! Tapir! O teu poder é findo!"
E, a essa hora, ao fulgor do derradeiro raio
Do sol, que o disco de ouro, em lúcido desmaio,
Quase no extremo céu de todo mergulhava,
Aquela estranha voz pela floresta ecoava
Num confuso rumor entrecortado, insano...
Como que em cada tronco havia um peito humano
Que se queixava... E o velho, úmido o olhar, seguia.
E, a cada passo assim dado na mata, via
Surgir de cada canto uma lembrança... Fora
Desta imensa ramada à sombra protetora
Que um dia repousara... Além, a árvore anosa,

Em cujos galhos, no ar erguidos, a formosa,
A doce Juracy a rede suspendera,
– A rede que, com as mãos finíssimas, tecera
Para ele, seu senhor e seu guerreiro amado!
Ali... – Contai-o vós, contai-o, embalsamado
Retiro, ninhos no ar suspensos, aves, flores!...
Contai-o, o poema ideal dos primeiros amores,
Os corpos um ao outro estreitamente unidos,
Os abraços sem conta, os beijos, os gemidos,
E o rumor do noivado, estremecendo a mata,
Sob o plácido olhar das estrelas de prata...
....

Juracy! Juracy! virgem morena e pura!
Tu também! tu também desceste à sepultura!...
....

III

E Tapir caminhava... Ante ele agora um rio
Corria: e a água também, ao crebro murmúrio
Da corrente, a rolar, gemia ansiosa e clara:
– "Tapir! Tapir! Tapir! Que é da veloz igara,
Que é dos remos dos teus? Não mais as redes finas
Vêm na pesca sondar-me as águas cristalinas...
Ai! não mais beijarei os corpos luxuriantes
Os curvos seios nus, as formas palpitantes
Das morenas gentis de tua tribo extinta!
Não mais! Depois dos teus de brônzea pele tinta
Com os sucos do urucu, de pele branca vieram
Outros, que a ti e aos teus nas selvas sucederam...
Ai! Tapir! ai! Tapir! A tua raça é morta! _"
E o índio, trêmulo, ouvindo aquilo tudo, absorta
A alma em cismas, seguiu curvada a fronte ao peito...
Agora da floresta o chão não mais direito
E plano se estendia: era um declive; e quando
Pelo tortuoso anfracto, a custo, caminhando
Ao crepúsculo, pôde o velho, passo a passo,
A montanha alcançar, viu que a noite no espaço
Vinha a negra legião das sombras espargindo...

Crescia a treva. A medo, entre as nuvens luzindo,
No alto, a primeira estrela o cálix de ouro abria...
Outra após cintilou na esfera imensa e fria...
Outras vieram... e, em breve, o céu, de lado a lado
Foi como um cofre real de pérolas coalhado.

IV

Então, Tapir, de pé, no arco apoiado, a fronte
Ergueu, e o olhar passeou no infinito horizonte:
Acima o abismo, abaixo o abismo, o abismo adiante...
E, clara, no negror da noite, viu, distante,
Alvejando no vale, a taba do estrangeiro...
Tudo extinto!... era ele o último guerreiro!
E do vale, do céu, do rio, da montanha,
De tudo que o cercava, ao mesmo tempo, estranha,
Rouca, extrema, rompeu a mesma voz:
                                    – "É finda
Toda a raça dos teus: só tu és vivo ainda!
Tapir! Tapir! Tapir! morre também com ela!
Já não fala Tupã no ulular da procela...
As batalhas de outrora, os arcos e os tacapes,
As florestas sem fim de flechas e acanguapes,
Tudo passou! Não mais a fera inúbia à boca
Dos guerreiros, Tapir, soa medonha e rouca.
É mudo o maracá. A tribo exterminada
Dorme agora feliz na Montanha Sagrada...
Nem uma rede o vento entre os galhos agita!
Não mais o vivo som de alegre dança, e a grita

Dos Pagés, ao luar, por baixo das folhagens,
Rompe os ares... Não mais! As poracés selvagens,
As guerras e os festins, tudo passou! É finda
Toda a raça dos teus... Só tu és vivo ainda!"

V

E num longo soluço a voz misteriosa
Expirou... Caminhava a noite silenciosa.
E era tranquilo o céu; era tranquila em roda,
Imersa em plúmbeo sono, a natureza toda.

E, no tope do monte, era de ver erguido
O vulto de Tapir... Inesperado, um ruído
Seco, surdo soou, e o corpo do guerreiro
De súbito rolou pelo despenhadeiro...
E o silêncio outra vez caiu.
                      Nesse momento,
Apontava o luar no curvo firmamento.

A SESTA DE NERO

Fulge de luz banhado, esplêndido e suntuoso,
O palácio imperial de pórfiro luzente
E mármor da Lacônia. O teto caprichoso
Mostra, em prata incrustado, o nácar do Oriente.

Nero no toro ebúrneo estende-se indolente...
Gemas em profusão no estrágulo custoso
De ouro bordado veem-se. O olhar deslumbra, ardente,
Da púrpura da Trácia o brilho esplendoroso.

Formosa ancila canta. A aurilavrada lira
Em suas mãos soluça. Os ares perfumando,
Arde a mirra da Arábia em rescendente pira.

Formas quebram, dançando, escravas em coreia...
E Nero dorme e sonha, a fronte reclinando
Nos alvos seios nus da lúbrica Popeia.

O INCÊNDIO DE ROMA

Raiva o incêndio. A ruir, soltas, desconjuntadas,
As muralhas de pedra, o espaço adormecido
De eco em eco acordando ao medonho estampido,
Como a um sopro fatal, rolam esfaceladas.

E os templos, os museus, o Capitólio erguido
Em mármore frígio, o Foro, as erectas arcadas
Dos aquedutos, tudo as garras inflamadas
Do incêndio cingem, tudo esbroa-se partido.

Longe, reverberando o clarão purpurino,
Arde em chamas o Tibre e acende-se o horizonte...
– Impassível, porém, no alto do Palatino,

Nero, com o manto grego ondeando ao ombro, assoma
Entre os libertos, e ébrio, engrinaldada a fronte,
Lira em punho, celebra a destruição de Roma.

O SONHO DE MARCO ANTONIO

I

Noite. Por todo o largo firmamento
Abrem-se os olhos de ouro das estrelas...
Só perturba a mudez do acampamento
O passo regular das sentinelas.

Brutal, febril, entre canções e brados,
Entrara pela noite adiante a orgia;
Em borbotões, dos cântaros lavrados
Jorrara o vinho. O exército dormia.

Insone, entanto, vela alguém na tenda
Do general. Esse, entre os mais sozinho,
Vence a fadiga da batalha horrenda,
Vence os vapores cálidos do vinho.

Torvo e cerrado o cenho, o largo peito
Da couraça despido e arfando ansioso,
Lívida a face, taciturno o aspeito,
Marco Antonio medita silencioso.

Da lâmpada de prata a luz escassa
Resvala pelo chão. A quando e quando,
Treme, enfunada, à viração que passa,
A cortina de púrpura oscilando.

O general medita. Como, soltas
Do álveo de um rio transvasado, as águas
Crescem, cavando o solo, – assim, revoltas,
Fundas a alma lhe vão sulcando as mágoas.

Que vale a Grécia, e a Macedônia, e o enorme
Território do Oriente, e este infinito
E invencível exército que dorme?
Que doces braços que lhe estende o Egito!...

Que vença Otávio! e seu rancor profundo
Leve da Espanha à Síria a morte e a guerra!
Ela é o céu... Que valor tem todo o mundo,
Se os mundos todos seu olhar encerra?!

Ele é valente e ela o subjuga e o doma...
Só Cleópatra é grande, amada e bela!
Que importa o Império e a salvação de Roma?
Roma não vale um só dos beijos dela!...
....

Assim medita. E alucinado, louco
De pesar, com a fadiga em vão lutando,
Marco Antonio adormece a pouco e pouco,
Nas largas mãos a fronte reclinando.

II

A harpa suspira. O melodioso canto,
De uma volúpia lânguida e secreta.
Ora interpreta o dissabor e o pranto,
Ora as paixões violentas interpreta.

Amplo dossel de seda levantina,
Por colunas de jaspe sustentado,
Cobre os cetins e a cachemira fina
Do régio leito de ébano lavrado.

Move o leque de plumas uma escrava.
Vela a guarda lá fora. Recolhida,
Os pétreos olhos uma esfinge crava
Nas formas da rainha adormecida.

Mas Cleópatra acorda... E tudo, ao vê-la
Acordar, treme em roda, e pasma, e a admira:
Desmaia a luz, no céu descora a estrela,
A própria esfinge move-se e suspira...

Acorda. E o torso arqueando, ostenta o lindo
Colo opulento e sensual que oscila.
Murmura um nome e, as pálpebras abrindo,
Mostra o fulgor radiante da pupila.

III

Ergue-se Marco Antonio de repente...
Ouve-se um grito estrídulo, que soa
O silêncio cortando, e longamente
Pelo deserto acampamento ecoa.

O olhar em fogo, os carregados traços
Do rosto em contração, alto e direito
O vulto enorme, – no ar levanta os braços,
E nos braços aperta o próprio peito.

Olha em torno e desvaira. Ergue a cortina,
A vista alonga peja noite afora...
Nada vê. Longe, à porta purpurina
Do Oriente em chamas, vem raiando a aurora.

E a noite foge. Em todo o firmamento
Vão se fechando os olhos das estrelas:
Só perturba a mudez do acampamento
O passo regular das sentinelas.

A RONDA NOTURNA

Noite cerrada, tormentosa, escura,
Lá fora. Dorme em trevas o convento.
Queda imoto o arvoredo. Não fulgura
Uma estrela no torvo firmamento.

Dentro é tudo mudez. Flebil murmura,
De espaço a espaço, entanto, a voz do vento:
E há um rasgar de sudários pela altura,
Passo de espectros pelo pavimento...

Mas, de súbito, os gonzos das pesadas
Portas rangem... Ecoa surdamente
Leve rumor de vozes abafadas.

E, ao clarão de uma lâmpada tremente,
Do claustro sob as tácitas arcadas
Passa a ronda noturna, lentamente...

VIA LÁCTEA

I

Talvez sonhasse, quando a vi. Mas via
Que, aos raios do luar iluminada,
Entre as estrelas trêmulas subia
Uma infinita e cintilante escada.

E eu olhava-a de baixo, olhava-a... Em cada
Degrau, que o ouro mais límpido vestia,
Mudo e sereno, um anjo a harpa doirada,
Ressoante de súplicas, feria...

Tu, mãe sagrada! vós também, formosas
Ilusões! sonhos meus! íeis por ela
Como um bando de sombras vaporosas.

E, ó meu amor! eu te buscava, quando
Vi que no alto surgias, calma e bela,
O olhar celeste para o meu baixando...

IV

Como a floresta secular, sombria,
Virgem do passo humano e do machado,
Onde apenas, horrendo, ecoa o brado
Do tigre, e cuja agreste ramaria

Não atravessa nunca a luz do dia,
Assim também, da luz do amor privado,
Tinhas o coração ermo e fechado,
Como a floresta secular, sombria...

Hoje, entre os ramos, a canção sonora
Soltam festivamente os passarinhos.
Tinge o cimo das árvores a aurora...

Palpitam flores, estremecem ninhos...
E o sol do amor, que não entrava outrora,
Entra dourando a areia dos caminhos.

VI

Em mim também, que descuidado vistes,
Encantado e aumentando o próprio encanto,
Tereis notado que outras cousas canto
Muito diversas das que outrora ouvistes.

Mas amastes, sem dúvida...
Portanto, Meditai nas tristezas que sentistes:
Que eu, por mim, não conheço cousas tristes,
Que mais aflijam, que torturem tanto.

Quem ama inventa as penas em que vive;
E, em lugar de acalmar as penas, antes
Busca novo pesar com que as avive.

Pois sabei que é por isso que assim ando:
Que é dos loucos somente e dos amantes
Na maior alegria andar chorando.

IX

De outras sei que se mostram menos frias,
Amando menos do que amar pareces.
Usam todas de lágrimas e preces:
Tu de acerbas risadas e ironias.

De modo tal minha atenção desvias,
Com tal perícia meu engano teces,
Que, se gelado o coração tivesses,
Certo, querida, mais ardor terias.

Olho-te: cega ao meu olhar te fazes...
Falo-te – e com que fogo a voz levanto! –
Em vão... Finges-te surda às minhas frases...

Surda: e nem ouves meu amargo pranto!
Cega: e nem vês a nova dor que trazes
A dor antiga que doía tanto!

X

Deixa que o olhar do mundo enfim devasse
Teu grande amor que é teu maior segredo!
Que terias perdido, se, mais cedo,
Todo o afeto que sentes se mostrasse?

Basta de enganos! Mostra-me sem medo
Aos homens, afrontando-os face a face:
Quero que os homens todos, quando eu passe,
Invejosos, apontem-me com o dedo.

Olha: não posso mais! Ando tão cheio
Deste amor, que minh'alma se consome
De te exaltar aos olhos do universo...

Ouço em tudo teu nome, em tudo o leio:
E, fatigado de calar teu nome,
Quase o revelo no final de um verso.

XIII

"Ora (direis) ouvir estrelas! Certo
Perdeste o senso!" E eu vos direi, no entanto,
Que, para ouvi-las, muita vez desperto
E abro as janelas, pálido de espanto...

E conversamos toda a noite, enquanto
A via láctea, como um pátio aberto,
Cintila. E, ao vir do sol, saudoso e em pranto,
Inda as procuro pelo céu deserto.

Direis agora: "Tresloucado amigo!
Que conversas com elas? Que sentido
Tem o que dizem, quando estão contigo?"

E eu vos direi: "Amai para entendê-las!
Pois só quem ama pode ter ouvido
Capaz de ouvir e de entender estrelas."

XVII

Por estas noites frias e brumosas
É que melhor se pode amar, querida!
Nem uma estrela pálida, perdida
Entre a névoa, abre as pálpebras medrosas...

Mas um perfume cálido de rosas
Corre a face da terra adormecida...
E a névoa cresce, e, em grupos repartida,
Enche os ares de sombras vaporosas:

Sombras errantes, corpos nus, ardentes
Carnes lascivas... um rumor vibrante
De atritos longos e de beijos quentes...

E os céus se estendem, palpitando, cheios
Da tépida brancura fulgurante
De um turbilhão de braços e de seios.

XVIII

Dormes... Mas que sussurro a umedecida
Terra desperta? Que rumor enleva
As estrelas, que no alto a Noite leva
Presas, luzindo, à túnica estendida?

São meus versos! Palpita a minha vida
Neles, falenas que a saudade eleva
De meu seio, e que vão, rompendo atreva,
Encher teus sonhos, pomba adormecida!

Dormes, com os seios nus, no travesseiro
Solto o cabelo negro... e ei-los, correndo,
Doudejantes, sutis, teu corpo inteiro...

Beijam-te a boca tépida e macia,
Sobem, descem, teu hálito sorvendo...
Por que surge tão cedo a luz do dia?!...

XIX

Sai a passeio, malo dia nasce,
Bela, nas simples roupas vaporosas;
E mostra às rosas do jardim as rosas
Frescas e puras que possui na face.

Passa. E todo o jardim, por que ela passe,
Atavia-se. Há falas misteriosas
Pelas moitas, saudando-a respeitosas...
E como se uma sílfide passasse!

E a luz cerca-a, beijando-a. O vento é um choro...
Curvam-se as flores trêmulas... O bando
Das aves todas vem saudá-la em coro...

E ela vai, dando ao sol o rosto brando.
Às aves dando o olhar, ao vento o louro
Cabelo, e às flores os sorrisos dando...

XX

Olha-me! O teu olhar sereno e brando
Entra-me o peito, como um largo rio
De ondas de ouro e de luz, límpido, entrando
O ermo de um bosque tenebroso e frio.

Fala-me! Em grupos doudejantes, quando
Falas, por noites cálidas de estio,
As estrelas acendem-se, radiando,
Altas, semeadas pelo céu sombrio.

Olha-me assim! Fala-me assim! De pranto
Agora, agora de ternura cheia,
Abre em chispas de fogo essa pupila...

E enquanto eu ardo em sua luz, enquanto
 Em seu fulgor me abraso, uma sereia
Soluce e cante nessa voz tranquila!

XXVI

Quando cantas, minh'alma desprezando
O invólucro do corpo, ascende às belas
Altas esferas de ouro, e, acima delas,
Ouve arcanjos as cítaras pulsando.

Corre os países longes, que revelas
Ao som divino do teu canto: e, quando
Baixas a voz, ela também, chorando,
Desce, entre os claros grupos das estrelas.

E expira a tua voz. Do paraíso,
A que subira ouvindo-te, caído,
Fico a fitar-te pálido, indeciso...

E enquanto cismas, sorridente e casta,
A teus pés, como um pássaro ferido,
Toda a minh'alma trêmula se arrasta...

XXVII

Ontem – néscio que fui! – maliciosa
Disse uma estrela, a rir, na imensa altura:
"Amigo! uma de nós, a mais formosa
"De todas nós, a mais formosa e pura,

"Faz anos amanhã... Vamos! procura
"A rima de ouro mais brilhante, a rosa
"De cor mais viva e de maior frescura!"
E eu murmurei comigo: "Mentirosa!"

E segui. Pois tão cego fui por elas,
Que, enfim, curado pelos seus enganos,
Já não creio em nenhuma das estrelas...

E – mal de mim! – eis-me, a teus pés, em pranto...
Olha: se nada fiz para os teus anos,
Culpa as tuas irmãs que enganam tanto!

XXVIII

Pinta-me a curva destes céus... Agora,
Erecta, ao fundo, a cordilheira apruma:
Pinta as nuvens de fogo de uma em uma,
E alto, entre as nuvens, o raiar da aurora.

Solta, ondulando, os véus de espessa bruma,
E o vale pinta, e, pelo vale em fora,
A correnteza túrbida e sonora
Do Paraíba, em torvelins de espuma.

Pinta; mas vê de que maneira pintas...
Antes busques as cores da tristeza,
Poupando o escrínio das alegres tintas:

– Tristeza singular, estranha mágoa
De que vejo coberta a natureza,
Porque a vejo com os olhos rasos d'água...

XXIX

Por tanto tempo, desvairado e aflito,
Fitei naquela noite o firmamento,
Que inda hoje mesmo, quando acaso o fito,
Tudo aquilo me vem ao pensamento.

Saí, no peito o derradeiro grito
Calcando a custo, sem chorar, violento...
E o céu fulgia plácido e infinito,
E havia um choro no rumor do vento...

Piedoso céu, que a minha dor sentiste!
A áurea esfera da lua o ocaso entrava.
Rompendo as leves nuvens transparentes;

E sobre mim, silenciosa e triste,
A via láctea se desenrolava
Como um jorro de lágrimas ardentes.

XXX

Ao coração que sofre, separado
Do teu, no exílio em que a chorar me vejo,
Não basta o afeto simples e sagrado
Com que das desventuras me protejo.

Não me basta saber que sou amado,
Nem só desejo o teu amor: desejo
Ter nos braços teu corpo delicado,
Ter na boca a doçura de teu beijo.

E as justas ambições que me consomem
Não me envergonham: pois maior baixeza
Não há que a terra pelo céu trocar;

E mais eleva o coração de um homem
Ser de homem sempre e, na maior pureza,
Ficar na terra e humanamente amar.

XXXI

Longe de ti, se escuto, porventura,
Teu nome, que uma boca indiferente
Entre outros nomes de mulher murmura,
Sobe-me o pranto aos olhos, de repente...

Tal aquele, que, mísero, a tortura
Sofre de amargo exílio, e tristemente
A linguagem natal, maviosa e pura,
Ouve falada por estranha gente...

Porque teu nome é para mim o nome
De uma pátria distante e idolatrada,
Cuja saudade ardente me consome:

E ouvi-l o é ver a eterna primavera
E a eterna luz da terra abençoada,
Onde, entre flores, teu amor me espera.

XXXII

A um poeta.

Leio-te: – o pranto dos meus olhos rola: –
– Do seu cabelo o delicado cheiro,
Da sua voz o timbre prazenteiro,
Tudo do livro sinto que se evola...

Todo o nosso romance: – a doce esmola
Do seu primeiro olhar, o seu primeiro
Sorriso, – neste poema verdadeiro,
Tudo ao meu triste olhar se desenrola.

Sinto animar-se todo o meu passado:
E quanto mais as páginas folheio,
Mais vejo em tudo aquele vulto amado.

Ouço junto de mim bater-lhe o seio,
E cuido vê-la, plácida, a meu lado,
Lendo comigo a página que leio.

XXXIII

Como quisesse livre ser, deixando
As paragens natais, espaço em fora,
A ave, ao bafejo tépido da aurora,
Abriu as asas e partiu cantando.

Estranhos climas, longes céus, cortando
Nuvens e nuvens, percorreu: e, agora
Que morre o sol, suspende o voo, e chora,
E chora, a vida antiga recordando...

E logo, o olhar volvendo compungido
Atrás, volta saudosa do carinho,
Do calor da primeira habitação...

Assim por largo tempo andei perdido:
– Ah! que alegria ver de novo o ninho,
Ver-te, e beijar-te a pequenina mão!

XXXIV

Quando adivinha que vou vê-la, e à escada
Ouve-me a voz e o meu andar conhece,
Fica pálida, assusta-se, estremece,
E não sei por que foge envergonhada.

Volta depois. À porta, alvoroçada,
Sorrindo, em fogo as faces, aparece:
E talvez entendendo a muda prece
De meus olhos, adianta-se apressada.

Corre, delira, multiplica os passos;
E o chão, sob os seus passos murmurando,
Segue-a de um hino, de um rumor de festa...

E ah! que desejo de a tomar nos braços,
O movimento rápido sustando
Das duas asas que a paixão lhe empresta.

O JULGAMENTO DE FRINEIA

Mnezarete, a divina, a pálida Frineia,
Comparece ante a austera e rígida assembleia
Do Areópago supremo. A Grécia inteira admira
Aquela formosura original, que inspira
E dá vida ao genial cinzel de Praxiteles,
De Hiperides à voz e à palheta de Apeles.

Quando os vinhos, na orgia, os convivas exaltam
E das roupas, enfim, livres os corpos saltam,
Nenhuma hetera sabe a primorosa taça,
Transbordante de Cós, erguer com maior graça,
Nem mostrar, a sorrir, com mais gentil meneio,
Mais formoso quadril, nem mais nevado seio.

Estremecem no altar, ao contemplá-la, os deuses,
Nua, entre aclamações, nos festivais de Elêusis...
Basta um rápido olhar provocante e lascivo:
Quem na fronte o sentiu curva a fronte, cativo...
Nada iguala o poder de suas mãos pequenas:
Basta um gesto, – e a seus pés roja-se humilde Atenas...

Vai ser julgada. Um véu, tornando inda mais bela
Sua oculta nudez, malos encantos vela,
Mal a nudez, oculta e sensual disfarça.
Cai-lhe, espáduas abaixo, a cabeleira esparsa...
Queda-se a multidão. Ergue-se Eutias. Fala,
E incita o tribunal severo a condená-la:

"Elêusis profanou! É falsa e dissoluta,
Leva ao lar a sizânia e as famílias enluta!
Dos deuses zomba! É ímpia! é má!" (E o pranto ardente
Corre nas faces dela, em fios, lentamente...)
"Por onde os passos move a corrupção se espraia,
E estende-se a discórdia! Heliostes! condenai-a!"

Vacila o tribunal, ouvindo a voz que o doma...
Mas, de pronto, entre a turba Hiperides assoma,
Defende-lhe a inocência, exclama, exora, pede,
Suplica, ordena, exige... O Areópago não cede.
"Pois condenai-a agora!" E à ré, que treme, a branca
Túnica despedaça, e o véu, que a encobre, arranca...

Pasmam subitamente os juízes deslumbrados,
– Leões pelo calmo olhar de um domador curvados;
Nua e branca, de pé, patente à luz do dia
Todo o corpo ideal, Frineia aparecia
Diante da multidão atônita e surpresa,
No triunfo imortal da Carne e da Beleza.

MARINHA

Sobre as ondas oscila o batel docemente...
Sopra o vento a gemer. Treme enfunada a vela.
Na água mansa do mar passam tremulamente
Áureos traços de luz, brilhando esparsos nela.

Lá desponta o luar. Tu, palpitante e bela,
Canta! Chega-te a mim! Dá-me essa boca ardente.
Sobre as ondas oscila o batel docemente...
Sopra o vento a gemer. Treme enfunada a vela.

Vagas azuis, parai! Curvo céu transparente,
Nuvens de prata, ouvi! – Ouça na altura a estrela,
Ouça debaixo o oceano, ouça o luar albente:
Ela canta! – e, embalado ao som do canto dela,
Sobre as ondas oscila o batel docemente.

ABYSSUS

Bela e traidora! Beijas e assassinas...
Quem te vê não tem forças que te oponha
Ama-te, e dorme no teu seio, e sonha,
E, quando acorda, acorda feito em ruínas...

Seduzes, e convidas, e fascinas,
Como o abismo que, pérfido, a medonha
Fauce apresenta flórida e risonha,
Tapetada de rosas e boninas.

O viajor, vendo as flores, fatigado
Foge o sol, e deixando a estrada poenta,
Avança incauto... Súbito, esbroado,

Falta-lhe o solo aos pés: recua e corre,
Vacila e grita, luta e se ensanguenta,
E rola, e tomba, e se espedaça, e morre...

PANTUM

Quando passaste, ao declinar do dia,
Soava na altura indefinido arpejo:
Pálido, o sol do céu se despedia,
Enviando à terra o derradeiro beijo.

Soava na altura indefinido arpejo...
Cantava perto um pássaro, em segredo;
E, enviando à terra o derradeiro beijo,
Esbatia-se a luz pelo arvoredo.

Cantava perto um pássaro em segredo;
Cortavam fitas de ouro o firmamento...
Esbatia-se a luz pelo arvoredo:
Caíra a tarde; sossegara o vento.

Cortavam fitas de ouro o firmamento...
Quedava imoto o coqueiral tranquilo...
Caíra a tarde. Sossegara o vento.
Que mágoa derramada em tudo aquilo!

Quedava imoto o coqueiral tranquilo...
Pisando a areia, que a teus pés falava,
(Que mágoa derramada em tudo aquilo!)
Vi lá embaixo o teu vulto que passava.

Pisando a areia, que a teus pés falava,
Entre as ramadas flóridas seguiste.
Vi lá embaixo o teu vulto que passava...
Tão distraída! – nem sequer me viste!

Entre as ramadas flóridas seguiste,
E eu tinha a vista de teu vulto cheia.
Tão distraída! – nem sequer me viste!
E eu contava os teus passos sobre a areia.

Eu tinha a vista de teu vulto cheia.
E, quando te sumiste ao fim da estrada,
Eu contava os teus passos sobre a areia:
Vinha a noite a descer, muda e pausada...

E, quando te sumiste ao fim da estrada,
Olhou-me do alto uma pequena estrela.
Vinha a noite, a descer, muda e pausada,
E outras estrelas se acendiam nela.

Olhou-me do alto uma pequena estrela,
Abrindo as áureas pálpebras luzentes:
E outras estrelas se acendiam nela,
Como pequenas lâmpadas trementes.

Abrindo as áureas pálpebras luzentes,
Clarearam a extensão dos largos campos;
Como pequenas lâmpadas trementes
Fosforeavam na relva os pirilampos.

Clarearam a extensão dos largos campos...
Vinha, entre nuvens, o luar nascendo...
Fosforeavam na relva os pirilampos...
E eu inda estava a tua imagem vendo.

Vinha, entre nuvens, o luar nascendo:
A terra toda em derredor dormia...
E eu inda estava a tua imagem vendo,
Quando passaste ao declinar do dia!

NA TEBAIDA

Chegas, com os olhos úmidos, tremente
A voz, os seios nus, – como a rainha
Que ao ermo frio da Tebaida vinha
Trazer a tentação do amor ardente.

Luto: porém teu corpo se avizinha
Do meu, e o enlaça como uma serpente...
Fujo: porém a boca prendes, quente,
Cheia de beijos, palpitante, à minha...

Beija mais, que o teu beijo me incendeia!
Aperta os braços mais! que eu tenha a morte,
Preso nos laços de prisão tão doce!

Aperta os braços mais, – frágil cadeia
Que tanta força tem não sendo forte,
E prende mais que se de ferro fosse!

MILAGRE

E nestas noites sossegadas,
Em que o luar aponta, e a fina
Móbil e trêmula cortina
Rompe das nuvens espalhadas;

Em que no azul espaço, vago,
Cindindo o céu, o alado bando,
Vai das estrelas caminhando
Aves de prata à flor de um lago;

É nestas noites – que, perdida,
Louca de amor, minh'alma voa
Para teu lado, e te abençoa
Ó minha aurora! ó minha vida!

No horrendo pântano profundo
Em que vivemos, és o cisne
Que o cruza, sem que a alvura tisne
Da asa no limo infecto e imundo.

Anjo exilado das risonhas
Regiões sagradas das alturas,
Que passas puro, entre as impuras
Humanas cóleras medonhas!

Estrela de ouro calma e bela,
Que, abrindo a lúcida pupila,
Brilhas assim clara e tranquila
Nas torvas nuvens da procela!

Raio de sol dourando a esfera
Entre as neblinas deste inverno,
E nas regiões do gelo eterno
Fazendo rir a primavera!

Lírio de pétalas formosas,
Erguendo à luz o níveo seio,
Entre estes cardos, e no meio
Destas cufórbias venenosas!

Oásis verde no deserto!
Pássaro voando descuidado
Por sobre um solo ensanguentado
E de cadáveres coberto!

Eu que homem sou, eu que a miséria
Dos homens tenho, – eu, verme obscuro,
Amei-te, flor! e, lodo impuro,
Tentei roubar-te a luz sidérea...

Vaidade insana! Amar ao dia
A treva horrenda que negreja!
Pedir a serpe, que rasteja,
Amor à nuvem fugidia!

Insano amor! vaidade insana!
Unir num beijo o aroma à peste!
Vazar, num jorro, a luz celeste
Na escuridão da noite humana!

Mas, ah! quiseste a ponta da asa,
Da pluma trêmula de neve
Descer a mim, roçar de leve
A superfície desta vasa...

E tanto pôde essa piedade,
E tanto pôde o amor, que o lodo
Agora é céu, é flores todo,
E a noite escura é claridade!

CANÇÃO

Dá-me as pétalas de rosa
Dessa boca pequenina:
Vem com teu riso, formosa!
Vem com teu beijo, divina!

Transforma num paraíso
O inferno do meu desejo...
Formosa, vem com teu riso!
Divina, vem com teu beijo!

Oh! tu, que tornas radiosa
Minh'alma, que a dor domina,
Só com teu riso, formosa,
Só com teu beijo, divina!

Tenho frio, e não diviso
Luz na treva em que me vejo:
Dá-me o clarão do teu riso!
Dá-me o fogo do teu beijo!

RIO ABAIXO

Treme o rio, a rolar, de vaga em vaga...
Quase noite. Ao sabor do curso lento
Da água, que as margens em redor alaga,
Seguimos. Curva os bambuais o vento.

Vivo há pouco, de púrpura, sangrento,
Desmaia agora o ocaso. A noite apaga
A derradeira luz do firmamento...
Rola o rio, a tremer, de vaga em vaga.

Um silêncio tristíssimo por tudo
Se espalha. Mas a lua lentamente
Surge na fímbria do horizonte mudo:

E o seu reflexo pálido, embebido
Como um gládio de prata na corrente,
Rasga o seio do rio adormecido.

SATANIA

....

Nua, de pé, solto o cabelo às costas,
Sorri. Na alcova perfumada e quente,
Pela janela, como um rio enorme
De áureas ondas tranquilas e impalpáveis,
Profusamente a luz do meio-dia
Entra e se espalha palpitante e viva.
Entra, parte-se em feixes rutilantes,
Aviva as cores das tapeçarias,
Doura os espelhos e os cristais inflama.
Depois, tremendo, como a arfar, desliza
Pelo chão, desenrola-se, e, mais leve,
Como uma vaga preguiçosa e lenta,
Vem lhe beijar a pequenina ponta
Do pequenino pé macio e branco.

Sobe... cinge-lhe a perna longamente;
Sobe... – e que volta sensual descreve
Para abranger todo o quadril! – prossegue,
Lambe-lhe o ventre, abraça-lhe a cintura,
Morde-lhe os bicos túmidos dos seios,
Corre-lhe a espádua, espia-lhe o recôncavo

Da axila, acende-lhe o coral da boca,
E antes de se ir perder na escura noite,
Na densa noite dos cabelos negros,
Para confusa, a palpitar, diante
Da luz mais bela dos seus grandes olhos.

E aos mornos beijos, às carícias ternas
Da luz, cerrando levemente os cílios,
Satania os lábios úmidos encurva,
E da boca na púrpura sangrenta
Abre um curto sorriso de volúpia...
Corre-lhe à flor da pele um calafrio;
Todo o seu sangue, alvoroçado, o curso
Apressa; e os olhos, pela fenda estreita
Das abaixadas pálpebras radiando,
Turvos, quebrados, lânguidos, contemplam,
Fitos no vácuo, uma visão querida...

Talvez ante eles, cintilando ao vivo
Fogo do ocaso, o mar se desenrole:
Tingem-se as águas de um rubor de sangue,
Uma canoa passa... Ao largo oscilam

Mastros enormes, sacudindo as flâmulas...
E, alva e sonora, a murmurar, a espuma
Pelas areias se insinua, o limo
Dos grosseiros cascalhos prateando...

Talvez ante eles, rígidas e imóveis,
Vicem, abrindo os leques, as palmeiras:
Calma em tudo. Nem serpe sorrateira
Silva, nem ave inquieta agita as asas,
E a terra dorme num torpor, debaixo
De um céu de bronze que a comprime e estreita...

Talvez as noites tropicais se estendam
Ante eles: infinito firmamento,
Milhões de estrelas sobre as crespas águas
De torrentes caudais, que, esbravejando,
Entre altas serras surdamente rolam...
Ou talvez, em países apartados,
Fitem seus olhos uma cena antiga:
Tarde de outono. Uma tristeza imensa
Por tudo. A um lado, à sombra deleitosa
Das tamareiras, meio adormecido,

Fuma um árabe. A fonte rumoreja
Perto. À cabeça o cântaro repleto,
Com as mãos morenas suspendendo a saia,
Uma mulher afasta-se, cantando...
E o árabe dorme numa densa nuvem
De fumo... E o canto perde-se à distância...
E a noite chega, tépida e estrelada...

Certo, bem doce deve ser a cena
Que os seus olhos estáticos ao longe,
Turvos, quebrados, lânguidos, contemplam.

Há pela alcova, entanto, um murmúrio
De vozes. A princípio é um sopro escasso,
Um sussurrar baixinho... Aumenta logo:
E uma prece, um clamor, um coro imenso
De ardentes vozes, de convulsos gritos.
E a voz da Carne, é a voz da Mocidade,
– Canto vivo de força e de beleza,
Que sobe desse corpo iluminado...

Dizem os braços: – Quando o instante doce
Há de chegar, em que, à pressão ansiosa
Destes laços de músculos sadios,
Um corpo amado vibrará de gozo? –"

E os seios dizem: "– Que sedentos lábios,
Que ávidos lábios sorverão o vinho
Rubro, que temos nestas cheias taças?
Para essa boca que esperamos, pulsa
Nestas carnes o sangue, enche estas veias,
E entesa e apruma estes rosados bicos... –"

E a boca: "– Eu tenho nesta fina concha
Pérolas níveas do mais alto preço,
E corais mais brilhantes e mais puros
Que a rubra selva que de um lírio manto
Cobre o fundo dos mares da Abissínia...
Ardo e suspiro! Como o dia tarda
Em que meus lábios possam ser beijados,
Mais que beijados: possam ser mordidos! –"
....
....

Mas, quando, enfim, das regiões descendo
Que, errante, em sonhos percorreu, Satania
Olha-se, e vê-se nua, e, estremecendo,
Veste-se, e aos olhos ávidos do dia
Vela os encantos, – essa voz declina
Lenta, abafada, trêmula...

                                      Um barulho
De linhos frescos, de brilhantes sedas
Amarrotadas pelas mãos nervosas,
Enche a alcova, derrama-se nos ares...
E, sob as roupas que a sufocam, inda
Por largo tempo, a soluçar, se escuta
Num longo choro a entrecortada queixa
Das deslumbrantes carnes escondidas...

NEL MEZZO DEL CAMIN...

Cheguei. Chegaste. Vinhas fatigada
E triste, e triste e fatigado eu vinha.
Tinhas a alma de sonhos povoada,
E a alma de sonhos povoada eu tinha...

E paramos de súbito na estrada
Da vida: longos anos, presa à minha
A tua mão; a vista deslumbrada
Tive da luz que teu olhar continha.

Hoje, segues de novo... Na partida
Nem o pranto os teus olhos umedece,
Nem te comove a dor da despedida.

E eu, solitário, volto a face, e tremo,
Vendo o teu vulto que desaparece
Na extrema curva do caminho extremo.

A AVENIDA DAS LÁGRIMAS

A um Poeta morto.

Quando a primeira vez a harmonia secreta
De uma lira acordou, gemendo, a terra inteira,
– Dentro do coração do primeiro poeta
Desabrochou a flor da lágrima primeira.

E o poeta sentiu os olhos rasos de água;
Subiu-lhe à boca, ansioso, o primeiro queixume:
Tinha nascido a flor da Paixão e da Mágoa,
Que possui, como a rosa, espinhos e perfume.

E na terra, por onde o sonhador passava,
Ia a roxa corola espalhando as sementes:
De modo que, a brilhar, pelo solo ficava
Uma vegetação de lágrimas ardentes.

Foi assim que se fez a Via Dolorosa,
A avenida ensombrada e triste da Saudade,
Onde se arrasta, à noite, a procissão chorosa
Dos órfãos do carinho e da felicidade.

Recalcando no peito os gritos e os soluços,
Tu conheceste bem essa longa avenida,
– Tu que, chorando em vão, te esfalfaste, de bruços,
Para, infeliz, galgar o Calvário da Vida.

Teu pé também deixou um sinal neste solo;
Também por este solo arrastaste o teu manto...
E, ó Musa, a harpa infeliz que sustinhas ao colo,
Passou para outras mãos, molhou-se de outro pranto.

Mas tua alma ficou, livre da desventura,
Docemente sonhando, às delícias da lua:
Entre as flores, agora, uma outra flor fulgura,
Guardando na corola uma lembrança tua...

O aroma dessa flor, que o teu martírio encerra,
Se imortalizará, pelas almas disperso:
– Porque purificou a torpeza da terra
Quem deixou sobre a terra uma lágrima e um verso.

INANIA VERBA

Ah! quem há de exprimir, alma impotente e escrava,
O que a boca não diz, o que a mão não escreve?
– Ardes, sangras, pregada à tua cruz, e, em breve,
Olhas, desfeito em lodo, o que te deslumbrava...

O Pensamento ferve, e é um turbilhão de lava:
A Forma, fria e espessa, é um sepulcro de neve...
E a Palavra pesada abafa a Ideia leve,
Que, perfume e clarão, refulgia e voava.

Quem o molde achará para a expressão de tudo?
Ai! quem há de dizer as ânsias infinitas
Do sonho? e o céu que foge à mão que se levanta?

E a ira muda? e o asco mudo? e o desespero mudo?
E as palavras de fé que nunca foram ditas?
E as confissões de amor que morrem na garganta?!

INCONTENTADO

Paixão sem grita, amor sem agonia,
Que não oprime nem magoa o peito,
Que nada mais do que possui queria,
E com tão pouco vive satisfeito...

Amor, que os exageros repudia,
Misturado de estima e de respeito,
E, tirando das mágoas alegria,
Fica farto, ficando sem proveito...

Viva sempre a paixão que me consome,
Sem uma queixa, sem um só lamento!
Arda sempre este amor que desanimas!

E eu tenha sempre, ao murmurar teu nome,
O coração, malgrado o sofrimento,
Como um rosal desabrochado em rimas.

NOITE DE INVERNO

    Sonho que estás à porta...
Estás – abro-te os braços! – quase morta,
Quase morta de amor e de ansiedade...
De onde ouviste o meu grito, que voava,
E sobre as asas trêmulas levava
    As preces da saudade?

Corro à porta... ninguém! Silêncio e treva.
Hirta, na sombra, a Solidão eleva
Os longos braços rígidos, de gelo...
E há pelo corredor ermo e comprido
O suave rumor de teu vestido,
E o perfume sutil de teu cabelo.

    Ah! se agora chegasses!
Se eu sentisse bater em minhas faces
A luz celeste que teus olhos banha;
Se este quarto se enchesse de repente
Da melodia, e do clarão ardente
    Que os passos te acompanha:

Beijos, presos no cárcere da boca,
Sofreando a custo toda a sede louca,
Toda a sede infinita que os devora,
– Beijos de fogo, palpitando, cheios
De gritos, de gemidos e de anseios,
Transbordariam por teu corpo afora!...

Rio aceso, banhando
Teu corpo, cada beijo, rutilando,
Se apressaria, acachoado e grosso:
E, cascateando, em pérolas desfeito,
Subiria a colina de teu peito,
Lambendo-te o pescoço...

Estrela humana que do céu desceste!
Desterrada do céu, a luz perdeste
Dos fulvos raios, amplos e serenos;
E na pele morena e perfumada
Guardaste apenas essa cor dourada
Que é a mesma cor de Sírius e de Vênus.

Sob a chuva de fogo
De meus beijos, amor!' terias logo
Todo o esplendor do brilho primitivo:
E, eternamente presa entre meus braços,
Bela, protegerias os meus passos,
  – Astro formoso e vivo!

Mas... talvez te ofendesse o meu desejo...
E, ao teu contacto gélido, meu beijo
Fosse cair por terra, desprezado...
Embora! que eu ao menos te olharia,
E, presa do respeito, ficaria
Silencioso e imóvel a teu lado.

Fitando o olhar ansioso
No teu, lendo esse livro misterioso,
Eu descortinaria a minha sorte...
Até que ouvisse, desse olhar ao fundo,
Soar, num dobre lúgubre e profundo,
  A hora da minha morte!

Longe embora de mim teu pensamento,
Ouvirias aqui, louco e violento,
Bater meu coração em cada canto;
E ouvirias, como uma melopeia,
Longe embora de mim a tua ideia,
A música abafada de meu pranto.

    Dormirias, querida...
E eu, guardando-te, bela e adormecida,
Orgulhoso e feliz com o meu tesouro,
Tiraria os meus versos do abandono,
E eles embalariam o teu sono,
    Como uma rede de ouro.

Mas não vens! não virás! Silêncio e treva...
Hirta, na sombra, a Solidão eleva
Os longos braços rígidos de gelo;
E há, pelo corredor ermo e comprido,
O suave rumor de teu vestido
E o perfume sutil de teu cabelo...

TERCETOS

I

Noite ainda, quando ela me pedia
Entre dois beijos que me fosse embora,
Eu, com os olhos em lágrimas, dizia:

"Espera ao menos que desponte a aurora!
Tua alcova é cheirosa como um ninho...
E olha que escuridão há lá por fora!

Como queres que eu vá, triste e sozinho,
Casando a treva e o frio de meu peito
Ao frio e à treva que há pelo caminho?!

Ouves? é o vento! é um temporal desfeito!
Não me arrojes à chuva e à tempestade!
Não me exiles do vale do teu leito!

Morrerei de aflição e de saudade...
Espera! até que o dia resplandeça,
Aquece-me com a tua mocidade!

Sobre o teu colo deixa-me a cabeça
Repousar, como há pouco repousava...
Espera um pouco! deixa que amanheça!"

– E ela abria-me os braços. E eu ficava.

II

E, já manhã, quando ela me pedia
Que de seu claro corpo me afastasse,
Eu, com os olhos em lágrimas, dizia:

"Não pode ser! não vês que o dia nasce?
A aurora, em fogo e sangue, as nuvens corta...
Que diria de ti quem me encontrasse?

Ah! nem me digas que isso pouco importa!...
Que pensariam, vendo-me, apressado,
Tão cedo assim, saindo à tua porta,

Vendo-me exausto, pálido, cansado,
E todo pelo aroma de teu beijo
Escandalosamente perfumado?

O amor, querida, não exclui o pejo...
Espera! até que o sol desapareça,
Beija-me a boca! mata-me o desejo!

Sobre o teu colo deixa-me a cabeça
Repousar, como há pouco repousava!
Espera um pouco! deixa que anoiteça!"

– E ela abria-me os braços. E eu ficava.

IN EXTREMIS

Nunca morrer assim! Nunca morrer num dia
Assim! de um sol assim!
                      Tu, desgrenhada e fria,
Fria! postos nos meus os teus olhos molhados,
E apertando nos teus os meus dedos gelados...

E um dia assim! de um sol assim! E assim a esfera
Toda azul, no esplendor do fim da primavera!
Asas, tontas de luz, cortando o firmamento!
Ninhos cantando! Em flor a terra toda! O vento
Despencando os rosais, sacudindo o arvoredo...

E, aqui dentro, o silêncio... E este espanto! e este medo!
Nós dois... e, entre nós dois, implacável e forte,
A arredar-me de ti, cada vez mais, a morte...

Eu, com o frio a crescer no coração, – tão cheio
De ti, até no horror do derradeiro anseio!
Tu, vendo retorcer-se amarguradamente,
A boca que beijava a tua boca ardente,
A boca que foi tua!

E eu morrendo! e eu morrendo
Vendo-te, e vendo o sol, e vendo o céu, e vendo
Tão bela palpitar nos teus olhos, querida,
A delícia da vida! a delícia da vida!

A ALVORADA DO AMOR

Um horror grande e mudo, um silêncio profundo
No dia do Pecado amortalhava o mundo.
E Adão, vendo fechar-se a porta do Éden, vendo
Que Eva olhava o deserto e hesitava tremendo,
Disse:

"Chega-te a mim! entra no meu amor,
E à minha carne entrega a tua carpe em flor!
Preme contra o meu peito o teu seio agitado,
E aprende a amar o Amor, renovando o pecado!
Abençoo o teu crime, acolho o teu desgosto,
Bebo-te, de uma em uma, as lágrimas do rosto!

Vê! tudo nos repele! a toda a criação
Sacode o mesmo horror e a mesma indignação...
A cólera de Deus torce as árvores, cresta
Como um tufão de fogo o seio da floresta,
Abre a terra em vulcões, encrespa a água dos rios;
As estrelas estão cheias de calefrios;
Ruge soturno o mar; turva-se hediondo o céu...

Vamos! que importa Deus? Desata, como um véu,
Sobre a tua nudez a cabeleira! Vamos!
Arda em chamas o chão; rasguem-te a pele os ramos;
Morda-te o corpo o sol; injuriem-te os ninhos;
Surjam feras a uivar de todos os caminhos;
E, vendo-te a sangrar das urzes através,
Se emaranhem no chão as serpes aos teus pés...
Que importa? o Amor, botão apenas entreaberto,
Ilumina o degredo e perfuma o deserto!
Amo-te! sou feliz! porque, do Eden perdido,
Levo tudo, levando o teu corpo querido!

Pode, em redor de ti, tudo se aniquilar:
– Tudo renascerá cantando ao teu olhar,
Tudo, mares e céus, árvores e montanhas,
Porque a Vida perpétua arde em tuas entranhas!
Rosas te brotarão da boca, se cantares!
Rios te correrão dos olhos, se chorares!
E se, em torno ao teu corpo encantador e nu,
Tudo morrer, que importa? A Natureza és tu,
Agora que és mulher, agora que pecaste!

Ah! bendito o momento em que me revelaste
O amor com o teu pecado, e a vida com o teu crime!
Porque, livre de Deus, redimido e sublime,
Homem fico, na terra, à luz dos olhos teus,
– Terra, melhor que o Céu! homem, maior que Deus!

VITA NUOVA

Se ao mesmo gozo antigo me convidas,
Com esses mesmos olhos abrasados,
Mata a recordação das horas idas,
Das horas que vivemos apartados!

Não me fales das lágrimas perdidas,
Não me fales dos beijos dissipados!
Há numa vida humana cem mil vidas,
Cabem num coração cem mil pecados!

Amo-te! A febre, que supunhas morta,
Revive. Esquece o meu passado, louca!
Que importa a vida que passou? que importa,

Se inda te amo, depois de amores tantos,
E inda tenho, nos olhos e na boca,
Novas fontes de beijos e de prantos?!

EM UMA TARDE DE OUTONO

Outono. Em frente ao mar. Escancaro as janelas
Sobre o jardim calado, e as águas miro, absorto.
Outono... Rodopiando, as folhas amarelas
Rolam, caem. Viuvez, velhice, desconforto...

Por que, belo navio, ao clarão das estrelas,
Visitaste este mar inabitado e morto,
Se logo, ao vir do vento, abriste ao vento as velas,
Se logo, ao vir da luz, abandonaste o porto?

A água cantou. Rodeava, aos beijos, os teus flancos
A espuma, desmanchada em riso e flocos brancos...
– Mas chegaste com a noite, e fugiste com o sol!

E eu olho o céu deserto, e vejo o oceano triste,
E contemplo o lugar por onde te sumiste,
Banhado no clarão nascente do arrebol...

MALDIÇÃO

Se por vinte anos, nesta furna escura,
Deixei dormir a minha maldição,
– Hoje, velha e cansada da amargura,
Minh'alma se abrirá como um vulcão.

E, em torrentes de cólera e loucura,
Sobre a tua cabeça ferverão
Vinte anos de silêncio e de tortura,
Vinte anos de agonia e solidão...

Maldita sejas pelo Ideal perdido!
Pelo mal que fizeste sem querer!
Pelo amor que morreu sem ter nascido!

Pelas horas vividas sem prazer!
Pela tristeza do que eu tenho sido!
Pelo esplendor do que eu deixei de ser!...

SURDINA

No ar sossegado um sino canta,
Um sino canta no ar sombrio...
Pálida, Vênus se levanta...
    Que frio!

Um sino canta. O campanário
Longe, entre névoas, aparece...
Sino, que cantas solitário,
Que quer dizer a tua prece?

Que frio! embuçam-se as colinas;
Chora, correndo, a água do rio;
E o céu se cobre de neblinas...
    Que frio!

Ninguém... A estrada, ampla e silente,
Sem caminhantes, adormece...
Sino, que cantas docemente,
Que quer dizer a tua prece?

Que medo pânico me aperta
O coração triste e vazio!
Que esperas mais, alma deserta?
    Que frio!

Já tanto amei! já sofri tanto!
Olhos, por que inda estais molhados?
Por que é que choro, a ouvir-te o canto,
Sino que dobras a finados?

Trevas, caí! que o dia é morto!
Morre também, sonho erradio!
– A morte é o último conforto...
    Que frio!

Pobres amores, sem destino,
Soltos ao vento, e dizimados!
Inda vos choro... E, como um sino,
Meu coração dobra a finados.

E com que mágoa o sino canta,
No ar sossegado, no ar sombrio!
– Pálida, Vênus se levanta...
    Que frio!

AS ESTRELAS

Desenrola-se a sombra no regaço
Da morna tarde, no esmaiado anil;
Dorme, no ofego do calor febril,
A natureza, mole de cansaço.

Vagarosas estrelas! passo a passo,
O aprisco desertando, às mil e às mil,
Vindes do ignoto seio do redil
Num compacto rebanho, e encheis o espaço...

E, enquanto, lentas, sobre a paz terrena,
Vos tresmalhais tremulamente a flux,
– Uma divina música serena

Desce rolando pela vossa luz:
Cuida-se ouvir, ovelhas de ouro! a avena
Do invisível pastor que vos conduz...

AS ONDAS

as trêmulas mornas ardentias,
A noite no alto mar anima as ondas.
Sobem das fundas úmidas Golcondas,
Pérolas vivas, as nercidas frias:

Entrelaçam-se, correm fugidias,
Voltam, cruzando-se; e, em lascivas rondas,
Vestem as formas alvas e redondas
De algas roxas e glaucas pedrarias.

Coxas de vago ônix, ventres polidos
De alabastro, quadris de argêntea espuma,
Seios de dúbia opala ardem na treva;

E bocas verdes, cheias de gemidos,
Que o fósforo incendeia e o âmbar perfuma,
Soluçam beijos vãos que o vento leva...

CREPÚSCULO NA MATA

Na tarde tropical, arfa e pesa a atmosfera.
A vida, na floresta abafada e sonora,
Úmida exalação de aromas evapora,
E no sangue, na seiva e no húmus acelera.

Tudo, entre sombras, – o ar e o chão, a fauna e a flora,
A erva e o pássaro, a pedra e o tronco, os ninhos e a hera,
A água e o réptil, a folha e o inseto, a flor e a fera,
– Tudo vozeia e estala em estos de pletora.

O amor apresta o gozo e o sacrifício na ara:
Guinchos, berros, zenir, silvar, ululos de ira,
Ruflos, chilros, frufrus, balidos de ternura...

Súbito, a excitação declina, a febre para:
E misteriosamente, em gemido que expira,
Um surdo beijo morno alquebra a mata escura...

SONATA AO CREPÚSCULO

Trompas do sol, borés do mar, tubas da mata,
Esfalfai-vos, rugindo, – e emudecei... Apenas,
Agora, trilem no ar, como em cristal e prata,
Rústicos tamborins e pastoris avenas.

Trescala o campo, e incensa o ocaso, numa oblata.
– Surgem da Idade de Ouro, em paisagens serenas,
Os deuses; Eros sonha; e, acordando à sonata,
Bailam rindo as sutis alípedes Camenas.

Depois, na sombra, à voz das cornamusas graves,
Termina a pastoral num lento epitalâmio...
Cala-se o vento... Expira a surdina das aves...

E a terra, noiva, a ansiar, no desejo que a enleva,
Cora e desmaia, ao seio aconchegando o flâmeo,
Entre o pudor da tarde e a tentação da treva.

VILA RICA

O ouro fulvo do ocaso as velhas casas cobre;
Sangram, em laivos de ouro, as minas, que a ambição
Na torturada entranha abriu da terra nobre:
E cada cicatriz brilha como um brasão.

O ângelus plange ao longe em doloroso dobre.
O último ouro do sol morre na cerração.
E, austero, amortalhando a urbe gloriosa e pobre,
O crepúsculo cai como uma extrema-unção.

Agora, para além do cerro, o céu parece
Feito de um ouro ancião que o tempo enegreceu...
A neblina, roçando o chão, cicia, em prece,

Como uma procissão espectral que se move...
Dobra o sino... Soluça um verso de Dirceu...
Sobre a triste Ouro Preto o ouro dos astros chove.

REMORSO

Às vezes, uma dor me desespera...
Nestas ânsias e dúvidas em que ando,
Cismo e padeço, neste outono, quando
Calculo o que perdi na primavera.

Versos e amores sufoquei calando,
Sem os gozar numa explosão sincera...
Ah! mais cem vidas! com que ardor quisera
Mais viver, mais penar e amar cantando!

Sinto o que esperdicei na juventude;
Choro, neste começo de velhice,
Mártir da hipocrisia ou da virtude,

Os beijos que não tive por tolice,
Por timidez o que sofrer não pude,
E por pudor os versos que não disse!

MESSIDORO

Por que chorar? Exulta, satisfeita!
És, quando a mocidade te abandona,
Mais que bela mulher, mulher perfeita,
Do completo fulgor senhora e dona.

As derradeiras messes aproveita,
E goza! A antevelhice é uma Pomona,
Que, se esmerando na final colheita
Dos frutos áureos, a paixão sazona.

Ama! e frui o delírio, a febre, o ciúme,
E todo o amor! E morre como um dia
Em fogo, como um dia que resume

Toda a vida, em anseios, em poesia,
Em glória, em luz, em música, em perfume,
Em beijos, numa esplêndida agonia!

UM BEIJO

Foste o beijo melhor da minha vida,
Ou talvez o pior... Glória e tormento,
Contigo à luz subi do firmamento,
Contigo fui pela infernal descida!

Morreste, e o meu desejo não te olvida:
Queimas-me o sangue, enches-me o pensamento,
E do teu gosto amargo me alimento,
E rolo-te na boca malferida.

Beijo extremo, meu prêmio e meu castigo,
Batismo e extrema-unção, naquele instante
Por que, feliz, eu não morri contigo?

Sinto-te o ardor, e o crepitar te escuto,
Beijo divino! e anseio, delirante,
Na perpétua saudade de um minuto...

CRIAÇÃO

Há no amor um momento de grandeza,
Que é de inconsciência e de êxtase bendito:
Os dois corpos são toda a Natureza,
As duas almas são todo o Infinito.

É um mistério de força e de surpresa!
Estala o coração da terra, aflito;
Rasga-se em luz fecunda a esfera acesa,
E de todos os astros rompe um grito.

Deus transmite o seu hálito aos amantes:
Cada beijo é a sanção dos Sete Dias,
E a Gênese fulgura em cada abraço;

Porque, entre as duas bocas soluçantes,
Rola todo o Universo, em harmonias
E em glorificações, enchendo o espaço!

O ARRENDAMENTO

Eu, segundo o geral pressentimento,
Segundo as coisas que nas folhas leio,
Creio que a ideia não vai longe: creio
Que não se há de fazer o arrendamento!

Central, podes pôr cobro ao teu lamento!
Vai devorando vidas sem receio!
– Florescerão, perpétuos, no teu seio,
Desfalque, encontro e descarrilamento!

Tu, nossa glória e glória dos coveiros,
Não servirás ao gozo dos profanos,
Não passarás às mãos dos estrangeiros!

E grande, e bela, e soberana, e forte,
Ficarás, como estás, há muitos anos,
Por muitos anos arrendada à Morte!

MEDICINA

Rita Rosa, camponesa,
Tendo no dedo um tumor,
Foi consultar, com tristeza,
Padre Jacinto Prior.

O Padre, com a gravidade
De um verdadeiro doutor,
Diz: "A sua enfermidade
Tem um remédio: o calor...

Traga o dedo sempre quente...
Sempre com muito calor...
E há de ver que, finalmente,
Rebentará o tumor!"

Passa um dia. Volta a Rita,
Bela e cheia de rubor...
E, na alegria que a agita,
Cai aos pés do confessor:

"Meu padre! estou tão contente...
Que grande coisa, o calor!
Pus o dedo em lugar quente
E rebentou o tumor!"

E o padre: "É feliz, menina!
Eu também tenho um tumor...
Tão grande que me alucina...
Que me alucina de dor... "

"Ó padre! mostre o seu dedo,
(Diz a Rita), por favor!
Mostre! porque há de ter medo
De lhe aplicar o calor?

Deixe ver! eu sou tão quente!
Que dedo grande! que horror!
Ai... padre... vá... lentamente...
Vá... gozando... do calor...

Parabéns... padre Jacinto!
Eu... logo... vi... que o calor...
Parabéns, padre... Já sinto
Que... rebentou o tumor... "

VELHO CONTO

Rita, mocinha, faceira,
Passeia com o namorado
E, descendo uma ladeira,
Dá um tombo desastrado.

Que tombo! quase desmaia...
E o noivo, que o tombo aterra,
Vê coisas por sob a saia
Mais do céu do que da terra.

Nem acode a levantá-la:
Contempla, mira, remira,
Fica tonto, perde a fala,
Bate palmas e suspira.

Levanta-se ela sozinha...
Vendo do moço a surpresa,
Murmura rindo a Ritinha:
"Viu a minha ligeireza?"

E ele, logo: "Sim, senhora!
Vi, mas sem que suspeitasse
Que aquilo que vi de fora
Também assim se chamasse..."

JURAVA DONA MARIA

Jurava Dona Maria
(Que quase morreu de parto
Ao ter o seu filho quarto)
Que noutra não cairia.
Ouvindo-a, Dona Ramona,
De sessenta anos de idade,
Às saudades se abandona
Da antiga felicidade:
"Só falam assim os fartos!
Ai! que eu não possa, coitada,
Estar ainda arriscada
A morrer de três mil partos!"

AT HOME

Casou Pafúncio Meneses
Com Dona Ana de Tabordo
E, ao cabo de cinco meses,
Nasceu-lhes um bebê gordo.

Ele com ar de tirano
Se arrepela e desespera:
Senhora! ou muito me engano
Ou antes de ser já era!"

Mas diz Dona Ana em segredo:
"Homem, não seja covarde!
O bebê não nasceu cedo:
Você é que casou tarde!"

O PARAÍSO

A pálida Ramona
É uma formosa dona
Moça e cheia de encantos:
Tem a graça e a malícia do Demônio...
E, aos vinte anos, uniu-se em matrimônio
Ao Chilperico Santos.

Ornou-lhe a fronte de gentis galhadas...
E, quando ele, entre as gentes assustadas,
Passava assim – que sustos e que espantos!
Por fim morreu... foi pena!
– E a viúva, serena,
Casou de novo... com Silvério Santos.

Fez o mesmo ao segundo que ao primeiro,
E, louca, ao mundo inteiro,
Andava namorando pelos cantos...
Ele morreu... e a pálida senhora,
Serena como outrora,
Casou... com Hermes Santos.

Fez ao terceiro o mesmo que ao segundo...
Depois dele casou com Segismundo
Santos... Depois, sem lutos e sem prantos,
Sem se lembrar dos pobres falecidos,
    Foi tendo por maridos
    Uns onze ou doze Santos!
....

Ninguém jamais teve maridos tantos!
Mulher nenhuma teve menos siso!
– E por ter enganado a tantos Santos,
    Quase, com seus encantos,
Converteu num curral o Paraíso...

CLARINHA, À MAMÃE, CHOROSA

"Clarinha, à mamãe, chorosa,
Conta o que lhe aconteceu:
"Eu ia silenciosa...
Um homem me apareceu...

Estava deserta a estrada,
E não passava ninguém...
Parei, pálida e assustada;
Ele então parou também...

Houve um silêncio de morte,
Um espanto entre nós dois...
Depois... como ele era forte...
E eu era fraca... depois..."

"Clara, você me consome!
(Brada a velha com furor)
Declare-me já o nome,
O nome do sedutor."

"Não sei". E, no seu desgosto,
Na sua atrapalhação
Chora..."Porém viu-lhe o rosto,
Viu o rosto do vilão?"

"Não vi, tudo estava escuro...
Escuro... não vi... não sei!
E, demais, naquele apuro,
Não foi p'ro rosto que olhei... "

O CARNAVAL NO OLIMPO

Resplandece o Olimpo. Júpiter está sentado... no Alto da Serra, mais fulgurante do que um sol. Mercúrio, Apolo, Marte, Netuno, Minerva, Plutão, estão sentados mais abaixo, em atitude respeitosa. Gênios alados correm o cenário, oferecendo aos deuses copos de caldo de cana e caprade.

Júpiter
Não falta nenhum deus? Estamos todos, não?
Vai começar...

Apolo
... A Inana

Júpiter *(severo)*
Aquiete-se!... A Sessão!

Como sabeis, aí vem o Carnaval. Vejamos:
Não brincaremos também? Não nos fantasiamos?
Quero, entre os ideais com que me preocupo,
Dar um exemplo ao povo, organizando um grupo.
Quem tiver uma ideia, exponha-a!

Apolo
                                        Meu Senhor,
Peço a palavra!

Júpiter
Diga e depressa, Doutor!

Apolo
Tenho uma ideia aqui, nova e característica:
Tomemos este nome: o **Grupo da Estatística!**
E saiamos à rua em pompa refulgente,
Fantasiados

    Júpiter
                                    De quê?

    Todos
                                    De quê?

    Apolo
                              De Abel Parente
Levaremos nas mãos... assim como quem diz...
Tesouras de cortar gente pela raiz...

Júpiter
Sim, Senhor! Não é má a ideia... mas é fresca
Quero coisa mais branda e mais carnavalesca!

Plutão
Podíamos sair com jaqueta e calças,
Sapatos e chapéus, feitos de notas falsas...
Tenho-as lá na polícia, aos centos, aos montões,
Bastariam para encher quinhentos carroções.

Marte
Isso não é ideia! Acho que é um par de botas!
Por que é que não jogou, Doutor, as suas notas
Às águas do oceano e à chama das fogueiras?

Mercúrio (*intervindo com autoridade*)
Alto! isso só se faz com as notas verdadeiras:
Eu cá tenho uma ideia... É simples e jovial:
Acho que é o principal dever do Carnaval
Republicanizar a República; temos

Queijo e faca nas mãos: ridicularizemos
A Hidra! E, num clamor de apitos e tambores
Saiamos de roldão como conspiradores!

Júpiter
Nada de agouros! Não, que podem muito bem
Os anjinhos do céu estar dizendo amém...
Ceres, a alta mulher, deusa da Agricultura
Está com licença... É pena! Ó que grande ventura
Se saíssemos nós sem braços e em salmoura
Para representar o **Grupo da Lavoura!**
Mas não convém baixar o preço do café...
Tome a palavra alguém! Netuno, por quem é...
Salva esta situação!

Netuno
Lá vou! Estou pensando...
Podíamos sair todos sete... imitando
Uns sete Aquidabãs, com um ar aborrecido
Voltando para o porto... antes de ter saído:
Seria essa a alusão melhor do Carnaval!

Plutão
E o nome do Cordão?

Netuno
Grupo **Glória Naval!**

Júpiter
É boa! Mas por que é que não se pronuncia
A deusa do Saber e da Diplomacia?
Fale a deusa gentil! Deixe a sua reserva
Para o Itamarati!

Todos
Uma ideia, Minerva!

Minerva
Eu já tinha pensado em um grande cordão
Com tudo o que se disse aqui num carroção:
Hidra, Aquidabã, Abel, Lavoura e Notas,
E por cima de tudo um mineiro com botas!

Mas, ó povo! Com esta horrenda quebradeira
Por que não pensar em simples zé-pereira,
Com três caixas, um bumbo e o nosso bom humor?

    Júpiter
Isto é que é uma deusa! isto é que é uma flor!
Que bom-senso! que voz! que luz! que maravilha!
Está suspensa a sessão! vem aos meus braços, filha!
Já disse o Enes de Sousa, homem de ideias rudes,
Que a economia é a mãe de todas as virtudes.
Abra o crédito, Mercúrio! Ora, afinal!
E viva o bom humor! E viva o Carnaval!
(Organiza-se o zé-pereira. O Olimpo vem abaixo.
Tudo dança. Tudo folga.)

    Coro
Se o Padre Santo soubesse
O gostinho que isto tem,
Vinha de Roma até cá
Tocar zabumba também. *(Cai o pano.)*

HAMLET

(Uma sala do palácio do Itamarati. Hamlet entra vagarosamente e para no meio da sala. Apoia o queixo na palma da mão esquerda, metida na abotoadura da sobrecasaca, e balança uma perna meditabundamente.)

Hamleto *(monologando)*
Ser ou não ser... Minh'alma eis o fatal problema.
[Que deves tu fazer
nesta angústia suprema. Alma forte? Cair, degringolar
[no abismo?
Ou bramir, ou lutar contra o federalismo?
Morrer, dormir... dormir... ser deposto... mais nada.

Oh, a deposição é o patamar da escada...
Ser deposto: Rolar por este abismo, às tontas...
(depois de longa meditação)
E o câmbio? E o Vitorino? E o Tribunal de Contas
(outra meditação)
Morrer, dormir... dormir? Sonhar talvez, que sonho?
Que sonho? A reeleição?
(nova meditação)

Se os batalhões disponho
Com jeito e os afeiçoo às ambições que sinto,
Venço... E esta opinião é a do Moreira Pinto
   (cai numa reflexão profunda)
Mas, enfim, para que ser novamente eleito?
Se não fosse o terror... Se não fosse o respeito
Que a morte inspira, e o horror desse sono profundo...
Ah! quem suportaria os flagelos do mundo!
O ódio do Juca Tigre; o armamento estragado!
A petulância atroz do Tenente Machado;
O comércio que morre; a indústria que adormece;
A míngua da lavoura; o déficit que cresce
Horrivelmente, como a estéril tiririca;
A bravura do Moura; o gênio do Oiticica...
– Oh, quem resistiria a tanto, da alma forte,
Se não fosse o terror do ostracismo e da morte?
   (Pausa)
O ostracismo... região triste e desconhecida
Donde nenhum viajor voltou jamais à vida...
Ah! eis o que perturba... Ah! eis o que entibia
Coragem maior e maior energia!

(*entra Ofélia*)
Aí vem Ofélia...
(*voltando-se para ela*)
Anjo! quando rezares
Nunca peças a Deus pelo Silva Tavares...

Ofélia
Meu Senhor, como está?

Hamleto
Bem, obrigado, filha!
Viste se estava à porta o nosso Quintanilha?

Ofélia
Não vi não, Senhor. Tendo de Vossa Alteza
Doces prendas de amor, que me enchem de tristeza,
Ah! Não quero avivar, guardando-as, a saudade,

Hamleto
Não te dei nada!

Ofélia
Deu! Deu-me elasticidade,
Com que me transformei numa lei de borracha!
Que estica à proporção que o câmbio escarrapacha!
Meu Senhor! A que mais devo este prodígio,
Senão ao seu amor, senão ao meu prestígio?

Hamleto
Dize, Constituição, és tu Republicana?

Ofélia
Meu Senhor.

Hamleto
Dize mais! És norte-americana?

Ofélia
Príncipe...

Hamleto
Meu amor, parte para Chicago...
Olha, eu nunca te amei! Se um sonho idiota e vago,
Um dia te incutiu tal coisa na cabeça,
Que te deixe esse sonho, essa ilusão te esqueça!
Varre o sonho, criança... Homem nenhum nunca
Um juramento, um beijo, um suspiro, uma prece...
Parte para Chicago...

Ofélia
Iluminai-lhe a mente,
Poderes celestiais!

Hamleto
Sou Vice-Presidente?
Sou Presidente? Sou Ditador? Sou cacique?
Oh! que paralisada a minha língua fique
Se te minto! Não sou mais do que um homem! Parte!
Que é de teu pai?

Ofélia

Não sei.

Hamleto

Devia acompanhar-te.
A lei neste país, não pode andar sozinha...
Parte para Chicago! A tua dor é a minha:
É a dor que anda a chiar em toda a vida humana
Parte para a imortal nação americana!
Parte para Chicago!
(Olhando fixamente para Ofélia)

Ah! entendo o teu susto:
Não tens dinheiro? Toma esta ajuda de custo!
São cem contos de réis... Prostituo, mas pago.
(vai saindo)

Parte para Chicago!

EM CUSTÓDIA

Quatro prisões, quatro interrogatórios...
Há três anos que as solas dos sapatos
Gasto, a correr de Herodes a Pilatos,
Como Cristo, por todos os pretórios!

Pulgas, baratas, percevejos, ratos...
Caras sinistras de espiões notórios...
Fedor de escarradeiras e micróbios...
Catingas de secretas e mulatos...

Para tantas prisões, é curta a vida!
Ó Dutra! Ó Melo! Ó Valadão! Ó diabo!
Vinde salvar-me! Vinde em meu socorro!

Livrai-me desta fama imerecida,
Fama de Ravachol, que arrasto ao rabo,
Como uma lata ao rabo de um cachorro.

(Fantásio)
Polícia, 9 de julho de 1894.

CARTAS CHINESAS

I

Senhores meus, saúde!
Pe-Ho, sagrado mandarim chinês
Cofre da Graça e poço da Virtude
Curva-se todo num salamaleque,
E tenta aqui, sem que no estilo peque,
Escrever prosa e verso em português.

Saúde e mil venturas!
Empregarei, para vos agradar,
Pinhos de estrofes de ouro e rimas puras,
E o meu estilo, que se desenrola,
Como uma leve e inquieta ventarola
    Para vos refrescar.

Em seu quiosque, erguido
Às flóreas margens do sereno Hang-go
Que há de fazer, em cismas embebido,
– Mudo asceta cercado de mistério
A luminária do celeste império,
    O mandarim Pe-Ho?

Pe-Ho medita e escreve...
Vem o sol, morre o sol. Chega o verão,
O inverno chega. Abrasa a terra, a neve
Cobre a sagrada, altíssima muralha...
A primavera o seu tesouro espalha...
Tudo em vão, tudo em vão!

Fitando o firmamento
Pe-Ho, que adora o resplendor do sol,
Fala às estrelas, interroga o vento,
Que as campainhas do quiosque agita,
E olha de longe a plácida e infinita
   Planície do Mongol!...

   Assim, longe de tudo,
Longe dos fátuos e dos imbecis,
Homens e fatos analiso, mudo,
A vida humana sem temor encaro;
E sereno, a zombar do vulgo ignaro,
   Palavra! – Sou feliz.

Preparai-vos, Senhores!
Ides ver com que espírito feroz
Vou zombar de alegrias e de dores:
Sábios, políticos, capitalistas,
Pífios poetas, pífios jornalistas
    Tenho pena de vós!

    Mancebos desgraçados
Que o inepto aplauso público seduz,
E horas inteiras, pálidos, curvados
Sobre a mesa, uma rima procurando,
Ides a vida e a inspiração gastando
Atrás de fátua e fugitiva luz!

E vós, que em punho a espada,
Tendes erecta da sagrada lei,
Magistrados de túnica traçada;
– Vós todos que assumis um ar sisudo,
Muito acima de todos e de tudo,
    Senhores meus, tremei!

Críticos há, – sabei-o
Que quando o dente férreo e sensual
Cravam de alguém no descuidado seio,
Rindo, com ar hipócrita e sereno,
Tiram-lhe o sangue e injetam-lhe o veneno,
Com a picada mortal!

    Certo. Pe-Ho podia
Fazer o mesmo, amigos meus: picar,
Chupar o sangue àquele que dormia
E à feição de um morcego, de quando a quando
As duas asas trêmulas vibrando,
    a ferida abanar.

    Pe-Ho, porém, prefere
Morder sem dó, morder sem compaixão;
Fere: porém à vítima que fere
Mostra os dentes agudos com franqueza:
Pois é preceito da moral chinesa
Dizer as coisas como as coisas são.

Pe-Ho

II

Por todo o império da China
(Que grave escândalo!) passa
O sopro de uma desgraça,
Que as almas todas domina.

Até o próprio ministro
O grande Cotegi-fu
Anda desgrenhado e nu,
Chorando aquele sinistro.

Na câmara poderosa,
Na alta camada do Império,
Nunca vi caso tão sério,
Coisa tão escandalosa.

Imaginai que... (estremeço
Só de contá-lo!) ... que enfim
Prad-Ho, nobre mandarim
Dos mais nobres que conheço,

Homem sisudo, inimigo
Rancoroso da anarquia,
Quis revelar-se outro dia
Da mesma anarquia amigo.

E revelou-se em verdade,
Com tanto gosto, que até
Aos escravos do Tihé
Quer conceder liberdade.

Vede (que escândalo!) um nobre
Que goza da confiança
Da coroa, entrar na dança,
Abraçando o povo pobre!

Que um outro o fizesse, passe!
Vá lá!... passe desta vez!
Mas um fidalgo chinês
Mas um homem desta classe!

E Cotegi-fu, a fúria
Que o domina mal contendo
Esbraveja, maldizendo
O papão e a glicosúria:

"A causa é esta, minh'alma
"A causa é esta, Senhor,
"Sol da China, Imperador,
"Oh, se estivésseis em calma,

"No império, regendo o povo,
"Oh, se estivésseis mais perto,
"Decerto, Senhor, decerto
"Nada haveria de novo!

"Mas andais dependurado
"Nos trapézios do Japão,
"Tomando duchas... E então?
"Eu cá que ature o Senado!"

E o desgraçado ministro
O grande Cotegi-fu,
Anda desgrenhado e nu,
Chorando aquele sinistro.

Pe-Ho

III

A chuva pinga... Ora pílulas!
Chuva no Império do Sol!
Como hei de eu, num dia frígido,
Cantar como um rouxinol?

Como hei de eu, trepado – mísero –
Na bola, a bola guiar,
Se o caminho horrível, úmido,
Faz a bola escorregar?

Mas empurro a bola... rápida
Põe-se acorrer, a correr...
Volvo em torno os olhos ávidos
Olho, nada posso ver.

Como a semana foi árida!
Inquiro os ares... Em vão!
Chove, a chuva pinga, trêmula,
Só há chuva na amplidão.

Tão preta está toda a abóbada
Onde há chuva e nuvem só
Que o céu pôs luto – parece-me –
Por lhe ter morrido a avó!

Nada vejo, desespero-me...
Foge-me a bola do pé,
Mas nisto paro de súbito,
Lá vem um vulto... Quem é?

"Tu quem és, tu que à ginástica
"Também te entregas feliz?
"Que fazes equilibrando-te?
"Podes quebrar o nariz."

Ó céus! que é isto? Aproxima-se...
Já posso vê-lo a olho nu.
Bom dia, amigo honradíssimo,
Colega Cotegi-fu!

Lá segue: as abas agitam-se
Da casaca; mas que fazer?
Sobre a bola da política
Faz piruetas mortais.

Coisas da China! Que pândega!
Cotegi-fu, vem a mim,
Dá-me essa mão... ajudemo-nos...
Iremos melhor assim.

Coragem, amigo, mostra-te
Equilibrista, também,
Faz cara bonita: aguenta-te!
Mando-te o meu parabém.

E lá vamos ambos, pálidos,
Com medo do trambolhão;
Eu tenho a bola da crônica
Tem ele a da oposição.

Lá vamos trepados, míseros
Na bola, a bola a guiar...
E o caminho horrível, úmido,
Faz a bola escorregar.

Pe-Ho

IV

Guerra, guerra! Trovejando,
Urra sinistro o tambor:
Todo o céu treme, ecoando
Da guerra o vivo estridor.

Cobrem-se os ares de fumo
Como de um lúgubre manto,
O sangue corre... Em resumo:
Entrou em Pequim o espanto.

Ao estrugir da batalha
Que agitação: em Pequim!
Sob a sagrada muralha!
Grita, vibrando, o clarim...

Toda a polícia chinesa
Saiu a campo açodada,
A exercitar, com limpeza,
A rasteira e a cabeçada.

E passou tantas rasteiras
Tais cabeçadas passou,
Que a primeira das primeiras
Polícias se revelou.

Porque – sabei-o! – na terra
Dos quiosques e dos leques,
Rasteira é arma de guerra
De mandarins e moleques.

Tudo aqui a perna arrasta
Tudo aqui sacode o pé...
Demonstra ser de má casta
Quem capoeira não é:

Cotegi-fu (quem diria?
Quem poderia dizê-lo!)
Cotegi-fu que podia
Servir de exemplo e modelo

De sisudez e respeito
De calma e circunspecção
Não sabe traçar com jeito
O **passo do jamegão.**

Não é à toa – caramba!
Que andamos nós, os chineses,
À volta com a corda bamba,
Senhores meus, tantas vezes.

Desde criança vivemos
Às cambalhotas no ar:
Saltamos, quando nascemos,
E morremos a saltar.

Por isso não vos espante
Esta esquisita notícia:
Não estranheis o desplante
Da nossa cara polícia,

Que no furor da batalha
Que houve, há dias, em Pequim,
Puxou do bolso a navalha
À viva voz do clarim.

Pe-Ho

V

Certo ao Brasil já deve
A fama ter chegado
De Sena-Fri, que escreve
Com muita erudição.

Que o Sena-Fri é o homem
Piedoso e comportado
Que tentam e consomem
O estudo e a devoção.

Ninguém melhor, na China,
Sabe escrever com tanta
Perícia e com tão fina
Pureza. E mais: ninguém.

Vive tão cauto e sério
Passa vida tão santa!
Credo, não há no Império
Quem viva assim tão bem.

Pois Sena-Fri, tão falto
De Bíblia, tão sisudo
Ontem pulou, de um salto
Da calma à fúria: e zás!

Pegou-se com um colega
Mandou à fava tudo
Deu-lhe pancada cega
Na frente e por detrás.

Em vão os seus amigos
Correram e à porfia
Mostraram-lhe os perigos
Do seu fatal furor:

Mas ele, sem ouvi-los,
Olhava-os e dizia:
"Podem ficar tranquilos
Os homens do Tabor."

E tome pau. Tome!
Bateu-os rijamente
Matou-lhes toda a fome
De desaforo e pau.

Bendito padre! Arruma!
Tosa-os serenamente,
Sem compaixão nenhuma!
Nunca te julgues mau!

Bonito! Quem diria
Senhores, porventura
Que este cordeiro havia
De dar este leão?

Parte-lhes o cachaço
As costas lhes fratura!
Não se te canse o braço,
Nunca te doa a mão!

Pe-Ho

BIBLIOGRAFIA

Olavo Brás Martins dos Guimarães Bilac nasceu no Rio de Janeiro, em 1865, onde morreu em 1918. Seus pais foram Delfina de Paula e Brás Martins dos Guimarães Bilac, médico que, na época do nascimento de seu filho, era cirurgião do exército brasileiro, servindo no Paraguai.

Depois dos primeiros estudos no Colégio São Francisco de Paula, Olavo Bilac iniciou e interrompeu o curso de Medicina (Rio de Janeiro, 1880-1886) e o de Direito (São Paulo, 1887-1888). Em 1884 publica seu primeiro poema na imprensa, o soneto "A sesta de Nero", incluído mais tarde no livro *Poesias*, editado em 1888.

Bilac foi inspetor escolar (nomeado em 1899), viajou à Argentina integrando a comitiva do presidente Campos Sales, quando se destaca como orador (1900), e foi várias vezes à Europa. Escreveu em praticamente todas as revistas e jornais importantes de seu tempo e, em 1907, foi eleito Príncipe dos Poetas Brasileiros.

Participante ativo e requisitado da vida brasileira – e em particular da carioca – de seu tempo, Bilac viveu de perto grandes campanhas e grandes acontecimentos: a prisão no Rio, a fuga e o exílio voluntário em Minas Gerais em 1892, quando da presidência de Floriano Peixoto; a fundação da Academia Brasileira de Letras, em 1896; as campanhas cívicas pela instrução e pelo Serviço Militar obrigatório (iniciadas em 1915) e a fundação da Liga de Defesa Nacional (1916), campanhas estas que o levaram a percorrer o Brasil em defesa e propagação dessas ideias. Ao morrer, em 1918, seu enterro foi acompanhado por uma multidão. As homenagens póstumas que lhes prestaram, sua constante evocação em eventos cívicos, e sua presença (mesmo na ótica crítica ilustrada pelos textos das orelhas deste livro) na produção cultural mais contemporânea apontam a importância de Bilac para a compreensão da cultura brasileira.

ÍNDICE

Apresentação ... 7
A Morte de Tapir ... 19
A sesta de Nero ... 28
O incêndio de Roma ... 29
O sonho de Marco Antonio ... 30
A ronda noturna ... 36
Via Láctea ... 37
O julgamento de Frineia ... 56
Marinha ... 59
Abyssus ... 60
Pantum ... 61
Na Tebaida ... 64
Milagre ... 65
Canção ... 68
Rio abaixo ... 69
Satania ... 70
Nel mezzo del camin ... 76
A avenida das lágrimas ... 77
Inania verba ... 79
Incontentado ... 80
Noite de inverno ... 81
Tercetos ... 85
In extremis ... 89
A alvorada do amor ... 91
Vita nuova ... 94

Em uma tarde de outono 95
Maldição 96
Surdina 97
As estrelas 99
As ondas 100
Crepúsculo na mata 101
Sonata ao crepúsculo 102
Vila Rica 103
Remorso 104
Messidoro 105
Um beijo 106
Criação 107
O arrendamento 108
Medicina 109
Velho conto 111
Jurava Dona Maria 112
At home 113
O paraíso 114
Clarinha, à mamãe, chorosa 116
O carnaval no Olimpo 118
Hamlet 124
Em custódia 130
Cartas chinesas 131
Bibliografia 147

COLEÇÃO MELHORES CONTOS

ALUÍSIO AZEVEDO
Seleção e prefácio de Ubiratan Machado

ANTÔNIO DE ALCÂNTARA MACHADO
Seleção e prefácio de Marcos Antonio de Moraes

ARTUR AZEVEDO
Seleção e prefácio de Antonio Martins de Araujo

ARY QUINTELLA
Seleção e prefácio de Monica Rector

AURÉLIO BUARQUE DE HOLANDA
Seleção e prefácio de Luciano Rosa

AUTRAN DOURADO
Seleção e prefácio de João Luiz Lafetá

BRENO ACCIOLY
Seleção e prefácio de Ricardo Ramos

CAIO FERNANDO ABREU
Seleção e prefácio de Marcelo Secron Bessa

DOMINGOS PELLEGRINI
Seleção e prefácio de Miguel Sanches Neto

EÇA DE QUEIRÓS
Seleção e prefácio de Herberto Sales

EDLA VAN STEEN
Seleção e prefácio de Antonio Carlos Secchin

FAUSTO WOLFF
Seleção e prefácio de André Seffrin

HÉLIO PÓLVORA
Seleção e prefácio de André Seffrin

HERBERTO SALES
Seleção e prefácio de Judith Grossmann

HERMILO BORBA FILHO
Seleção e prefácio de Silvio Roberto de Oliveira

*HUMBERTO DE CAMPOS**
Seleção e prefácio de Evanildo Bechara

IGNÁCIO DE LOYOLA BRANDÃO
Seleção e prefácio de Deonísio da Silva

J. J. VEIGA
Seleção e prefácio de J. Aderaldo Castello

JOÃO ALPHONSUS
Seleção e prefácio de Afonso Henriques Neto

JOÃO ANTÔNIO
Seleção e prefácio de Antônio Hohlfeldt

JOÃO DO RIO
Seleção e prefácio de Helena Parente Cunha

JOÃO GUIMARÃES ROSA
Seleção e prefácio de Walnice Nogueira Galvão

JOEL SILVEIRA
Seleção e prefácio de Lêdo Ivo

LÊDO IVO
Seleção e prefácio de Afrânio Coutinho

LIMA BARRETO
Seleção e prefácio de Francisco de Assis Barbosa

LUIZ VILELA
Seleção e prefácio de Wilson Martins

LYGIA FAGUNDES TELLES
Seleção e prefácio de Eduardo Portella

MACHADO DE ASSIS
Seleção e prefácio de Domício Proença Filho

MARCOS REY
Seleção e prefácio de Fábio Lucas

MÁRIO DE ANDRADE
Seleção e prefácio de Telê Ancona Lopez

MARQUES REBELO
Seleção e prefácio de Ary Quintella

MOACYR SCLIAR
Seleção e prefácio de Regina Zilbermann

NÉLIDA PIÑON
Seleção e prefácio de Miguel Sanches Neto

ORÍGENES LESSA
Seleção e prefácio de Glória Pondé

OSMAN LINS
Seleção e prefácio de Sandra Nitrini

RIBEIRO COUTO
Seleção e prefácio de Alberto Venancio Filho

RICARDO RAMOS
Seleção e prefácio de Bella Jozef

RUBEM BRAGA
Seleção e prefácio de Davi Arrigucci Jr.

SALIM MIGUEL
Seleção e prefácio de Regina Dalcastagnè

SIMÕES LOPES NETO
Seleção e prefácio de Dionísio Toledo

WALMIR AYALA
Seleção e prefácio de Maria da Glória Bordini

*PRELO

COLEÇÃO MELHORES POEMAS

AFFONSO ROMANO DE SANT'ANNA
Seleção e prefácio de Miguel Sanches Neto

ALBERTO DA COSTA E SILVA
Seleção e prefácio de André Seffrin

ALBERTO DE OLIVEIRA
Seleção e prefácio de Sânzio de Azevedo

ALMEIDA GARRET
Seleção e prefácio de Izabela Leal

ALPHONSUS DE GUIMARAENS FILHO
Seleção e prefácio de Afonso Henriques Neto

ALPHONSUS DE GUIMARAENS
Seleção e prefácio de Alphonsus de Guimaraens Filho

ALVARENGA PEIXOTO
Seleção e prefácio de Antonio Arnoni Prado

ÁLVARES DE AZEVEDO
Seleção e prefácio de Antonio Candido

ÁLVARO ALVES DE FARIA
Seleção e prefácio de Carlos Felipe Moisés

ANTERO DE QUENTAL
Seleção e prefácio de Benjamin Abdalla Junior

*ANTONIO BRASILEIRO**
ARMANDO FREITAS FILHO
Seleção e prefácio de Heloisa Buarque de Hollanda

ARNALDO ANTUNES
Seleção e prefácio de Noemi Jaffe

AUGUSTO DOS ANJOS
Seleção e prefácio de José Paulo Paes

AUGUSTO FREDERICO SCHMIDT
Seleção e prefácio de Ivan Marques

AUGUSTO MEYER
Seleção e prefácio de Tania Franco Carvalhal

BOCAGE
Seleção e prefácio de Cleonice Berardinelli

BUENO DE RIVERA
Seleção e prefácio de Affonso Romano de Sant'Anna

CARLOS NEJAR
Seleção e prefácio de Léo Gilson Ribeiro

CARLOS PENA FILHO
Seleção e prefácio de Edilberto Coutinho

CASIMIRO DE ABREU
Seleção e prefácio de Rubem Braga

CASSIANO RICARDO
Seleção e prefácio de Luiza Franco Moreira

CASTRO ALVES
Seleção e prefácio de Lêdo Ivo

CECÍLIA MEIRELES
Seleção e prefácio de André Seffrin

CESÁRIO VERDE
Seleção e prefácio de Leyla Perrone-Moisés

CLÁUDIO MANUEL DA COSTA
Seleção e prefácio de Francisco Iglésias

CORA CORALINA
Seleção e prefácio de Darcy França Denófrio

CRUZ E SOUSA
Seleção e prefácio de Flávio Aguiar

DANTE MILANO
Seleção e prefácio de Ivan Junqueira

FAGUNDES VARELA
Seleção e prefácio de Antonio Carlos Secchin

FERNANDO PESSOA
Seleção e prefácio de Teresa Rita Lopes

FERREIRA GULLAR
Seleção e prefácio de Alfredo Bosi

FLORBELA ESPANCA
Seleção e prefácio de Zina Bellodi

GILBERTO MENDONÇA TELES
Seleção e prefácio de Luiz Busatto

GONÇALVES DIAS
Seleção e prefácio de José Carlos Garbuglio

GREGÓRIO DE MATOS
Seleção e prefácio de Darcy Damasceno

GUILHERME DE ALMEIDA
Seleção e prefácio de Carlos Vogt

HAROLDO DE CAMPOS
Seleção e prefácio de Inês Oseki-Dépré

HENRIQUETA LISBOA
Seleção e prefácio de Fábio Lucas

IVAN JUNQUEIRA
Seleção e prefácio de Ricardo Thomé

JOÃO CABRAL DE MELO NETO
Seleção e prefácio de Antonio Carlos Secchin

JORGE DE LIMA
Seleção e prefácio de Gilberto Mendonça Teles

JOSÉ PAULO PAES
Seleção e prefácio de Davi Arrigucci Jr.

LÊDO IVO
Seleção e prefácio de Sergio Alves Peixoto

LINDOLF BELL
Seleção e prefácio de Péricles Prade

LUÍS DE CAMÕES
Seleção e prefácio de Leodegário A. de Azevedo Filho

LUÍS DELFINO
Seleção e prefácio de Lauro Junkes

LUIZ DE MIRANDA
Seleção e prefácio de Regina Zilbermann

MACHADO DE ASSIS
Seleção e prefácio de Alexei Bueno

MANUEL BANDEIRA
Seleção e prefácio de André Seffrin

MARCO LUCCHESI*
MÁRIO DE ANDRADE
Seleção e prefácio de Gilda de Mello e Souza

MÁRIO DE SÁ-CARNEIRO
Seleção e prefácio de Lucila Nogueira

MÁRIO FAUSTINO
Seleção e prefácio de Benedito Nunes

MARIO QUINTANA
Seleção e prefácio de Fausto Cunha

MENOTTI DEL PICCHIA
Seleção e prefácio de Rubens Eduardo Ferreira Frias

MURILO MENDES
Seleção e prefácio de Luciana Stegagno Picchio

NAURO MACHADO
SELEÇÃO E PREFÁCIO DE HILDEBERTO BARBOSA FILHO

OLAVO BILAC
SELEÇÃO E PREFÁCIO DE MARISA LAJOLO

PATATIVA DO ASSARÉ
SELEÇÃO E PREFÁCIO DE CLÁUDIO PORTELLA

PAULO LEMINSKI
SELEÇÃO E PREFÁCIO DE FRED GÓES E ÁLVARO MARINS

PAULO MENDES CAMPOS
SELEÇÃO E PREFÁCIO DE HUMBERTO WERNECK

RAIMUNDO CORREIA
SELEÇÃO E PREFÁCIO DE TELENIA HILL

RAUL DE LEONI
SELEÇÃO E PREFÁCIO DE PEDRO LYRA

RIBEIRO COUTO
SELEÇÃO E PREFÁCIO DE JOSÉ ALMINO

RONALD DE CARVALHO*
RUY ESPINHEIRA FILHO
SELEÇÃO E PREFÁCIO DE SÉRGIO MARTAGÃO GESTEIRA

SOSÍGENES COSTA
SELEÇÃO E PREFÁCIO DE ALEILTON FONSECA

SOUSÂNDRADE
SELEÇÃO E PREFÁCIO DE ADRIANO ESPÍNOLA

THIAGO DE MELLO
SELEÇÃO E PREFÁCIO DE MARCOS FREDERICO KRÜGER

TOMÁS ANTÔNIO GONZAGA
SELEÇÃO E PREFÁCIO DE ALEXANDRE EULALIO

TORQUATO NETO
SELEÇÃO DE CLÁUDIO PORTELLA

VICENTE DE CARVALHO
SELEÇÃO E PREFÁCIO DE CLÁUDIO MURILO LEAL

WALMIR AYALA
SELEÇÃO E PREFÁCIO DE MARCO LUCCHESI

*PRELO

COLEÇÃO MELHORES CRÔNICAS

AFFONSO ROMANO DE SANT'ANNA
Seleção e prefácio de Letícia Malard

ÁLVARO MOREYRA
Seleção e prefácio de Mario Moreyra

*ANTONIO TORRES**
ARTUR AZEVEDO
Seleção e prefácio de Orna Messer Levin e Larissa de Oliveira Neves

AUSTREGÉSILO DE ATHAYDE
Seleção e prefácio de Murilo Melo Filho

CECÍLIA MEIRELES
Seleção e prefácio de Leodegário A. de Azevedo Filho

COELHO NETO
Seleção e prefácio de Ubiratan Machado

*ELSIE LESSA**
EUCLIDES DA CUNHA
Seleção e prefácio de Marco Lucchesi

FERREIRA GULLAR
Seleção e prefácio de Augusto Sérgio Bastos

GUSTAVO CORÇÃO
Seleção e prefácio de Luiz Paulo Horta

HUMBERTO DE CAMPOS
Seleção e prefácio de Gilberto Araújo

IGNÁCIO DE LOYOLA BRANDÃO
Seleção e prefácio de Cecilia Almeida Salles

IVAN ANGELO
Seleção e prefácio de Humberto Werneck

JOÃO DO RIO
Seleção e prefácio de Edmundo Bouças e Fred Góes

JOSÉ CASTELLO
Seleção e prefácio de Leyla Perrone-Moisés

JOSÉ DE ALENCAR
Seleção e prefácio de João Roberto Faria

JOSUÉ MONTELLO
Seleção e prefácio de Flávia Vieira da Silva do Amparo

LÊDO IVO
Seleção e prefácio de Gilberto Mendonça Teles

LIMA BARRETO
Seleção e prefácio de Beatriz Resende

MACHADO DE ASSIS
Seleção e prefácio de Salete de Almeida Cara

MANUEL BANDEIRA
Seleção e prefácio de Eduardo Coelho

MARCOS REY
Seleção e prefácio de Anna Maria Martins

MARINA COLASANTI
Seleção e prefácio de Marisa Lajolo

MARQUES REBELO
Seleção e prefácio de Renato Cordeiro Gomes

MOACYR SCLIAR
Seleção e prefácio de Luís Augusto Fischer

ODYLO COSTA FILHO
Seleção e prefácio de Cecília Costa Junqueira e Virgílio Costa

OLAVO BILAC
Seleção e prefácio de Ubiratan Machado

RACHEL DE QUEIROZ
Seleção e prefácio de Heloisa Buarque de Hollanda

RAUL POMPEIA
Seleção e prefácio de Cláudio Murilo Leal

ROBERTO DRUMMOND
Seleção e prefácio de Carlos Herculano Lopes

RUBEM BRAGA
Seleção e prefácio de Carlos Ribeiro

SÉRGIO MILLIET
Seleção e prefácio de Regina Campos

ZUENIR VENTURA
Seleção e prefácio de José Carlos de Azeredo

*PRELO